新 史 记 ◎

杨早 著

野史记

修订版

生活·讀書·新知 三联书店

Copyright ⓒ 2015 by SDX Joint Publishing Company.
All Rights Reserved.
本作品版权由生活·读书·新知三联书店所有。
未经许可，不得翻印。

图书在版编目（CIP）数据

野史记/杨早著．—修订版．—北京：生活·读书·新知三联书店，2015.3（2019.6重印）
（新史记）
ISBN 978-7-108-05044-1

Ⅰ.①野…　Ⅱ.①杨…　Ⅲ.①中国历史－野史　Ⅳ.①K204.5

中国版本图书馆CIP数据核字（2014）第124098号

责任编辑	卫　纯
装帧设计	蔡立国
责任印制	宋　家

出版发行　生活·讀書·新知 三联书店
　　　　　（北京市东城区美术馆东街22号 100010）
网　　址　www.sdxjpc.com
经　　销　新华书店
印　　刷　北京隆昌伟业印刷有限公司
版　　次　2015年3月北京第1版
　　　　　2019年6月北京第3次印刷
开　　本　880毫米×1230毫米　1/32　印张9
字　　数　216千字　图73幅
印　　数　15,001-20,000册
定　　价　28.00元
（印装查询：01064002715；邮购查询：01084010542）

目　录

新版序言：昔别君未婚，儿女忽成行…………1

辑一　政事本纪

那个逃席的人…………3
现代启示录…………6
翁某今日洗脚…………9
康祖诒中举…………12
一个状元的诞生…………15
事关科举…………18
科举好处说不尽…………21
我儿子比你强！…………24
那一跪的风情…………27
古人抄得我抄不得？…………30
你我约定…………32
岳麓山上土馒头…………34
宠　妓…………37
吃鸡不买田…………40

民国催债第一高手…………43

中了传奇的毒…………46

一桩婚姻的意外死亡…………48

政治宝贝…………50

因父之名…………52

末代皇帝…………56

快感与忧患…………59

危机时代的幸运儿…………63

辑二　学林世家

北大 1919…………71

　　一、退　学…………71

　　二、谁能上北大…………74

　　三、警　报…………78

　　四、谁放了那把火？…………82

　　五、辞　职…………86

　　六、新潮与国故…………90

　　七、联　合…………94

　　八、《顺天时报》的报道…………99

　　九、救国十人团…………104

十、新文化的老对手…………107
蔡校长元培…………113
尴尬的胡适…………117
狂人傅斯年…………121
大学的自由…………124
拿饭来换学问！…………128
谁去了妙峰山…………130
他们的李庄…………132
若园巷，翠湖边…………134
朋　友…………136
粉　丝…………139
师　徒…………145

辑三　报人列传

扬州闲话…………157
教父梁发…………161
胭脂扣…………164
警察故事…………167
救命钱…………169
发配新疆的理由…………171

这一段，我们说方言…………173
偷新闻的人…………176
一堂新闻营销课…………178
何处是我笔友的家…………181
黄远生上条陈…………183
我的野蛮同行…………185
结婚启事…………187
对抗舆论…………189
薛大可下跪…………191
萍水相逢…………193
萍水相逢…………196
听花捧角儿…………199
张恨水进京…………202
看看什么是黑幕…………204
不喝啤酒的唐纳…………207
史量才的度量…………209
到底是中国人…………211

辑四　文苑行状

当代柳永…………215

不要鸡心式…………218
林琴南要稿费…………220
东安市场的一次车祸…………223
他为什么跑警报…………225
无妻之累…………228
有多少人懂得苏白…………230
上课那些事儿…………232
我为什么热爱鲁迅…………235
冰心的一元钱…………239
另类林语堂…………243
革命时期的爱情（两则）…………246
　　人各有见，人各有道…………246
　　你的魂儿我的心…………250
关于巴金的《随想录》…………255
惊蛰时分梦犹存…………259
斯人也而有斯文…………266

后记：关于本书，我交代……………271

新版序言：昔别君未婚，儿女忽成行

前不久，我在社科书店接受中国社科网的采访，谈张艺谋的新片《归来》。一位中年人向我走来，似乎是这里的店员："您是杨早老师吧？我们这儿卖过您的《野史记》，销路挺好的。"

九年前由中国社会科学出版社出版的《野史记：传说中的近代中国》，从头至尾找不到"杨早"二字，封面署的是"《南方周末》专栏作者高芾"。我拿这书送朋友，送亲戚，他们拿去读完，然后很狐疑地问我：为啥送我这书？这谁写的？

因此我不知道这位可敬的读者是怎样将我与《野史记》作者对上号的。不过一本书出版九年，还有人记得，心上平添小小的虚荣。

这本书源于我2002年开始在《南方周末》文化版上连载的专栏"夕花朝拾"，每周一篇，写了五十多篇后，编辑离任，专栏还续了几期，物是人非，两方也都索然。后来又转而为《南方人物周刊》写"报人逸史"，忘了什么时候，大约也是因为换了编辑，也停了。

此时我也将博士毕业。2004年底，导师陈平原先生乔迁新居，众弟子前往围观。其间手机响起，我走到阳台上接。对方自我介绍是中国社科出版社的编辑。他就是《野史记》社科版的责编耿华军。

耿华军是北大新闻系毕业，算来也是我的师弟。当时我说正在忙毕业论文，而且文章的字数也还不够一本书。华军说没关系，我们等好了。

后来就是忙乱的答辩，毕业，照相，搬家，入职……其间倒也没断了帮《野史记》找图片，写说明，分专辑。那个夏天闷热的记忆，就这样嵌进了这些图文之中。

去过两次鼓楼西大街的中国社科出版社。那时我已定了去社科院文学所工作，但这书明显不是走学术书的路子，所以也没什么归属感。与华军的合作颇愉快，唯一的冲突差点断送了《野史记》性命。

这次接到华军电话，是在中国传媒大学的教师宿舍里。中午，蒙眬中被铃声惊醒，华军很抱歉地说，领导的意思，《野史记》是不是换个书名？

之前我和华军讨论过，是否还叫《夕花朝拾》？他说这个名字太文艺，不看"南周"专栏的人不免模糊。我觉得有道理，就改名叫《野史记》。现在要改成啥？

领导觉得余世存编的《非常道》现在很火，能不能改名叫《非常史》？

一口气涌到喉咙，又咽了回去。按平原师的说法，刚毕业的博士还没有和出版社较劲的资本。我嗯了几声，大概是说考虑考虑。

在小屋里走了几圈，越想越窝火。终于下定决心，回拨电话，告诉华军：如果要改名，那就算了，这书我不出了。

华军默然良久，然后说我再争取争取吧。

也不知他怎么争取的，反正书名还叫回了《野史记》。

封面也往返了几次。一开始的方案把我吓坏了：近景是硕大的故宫前铜狮子，远景是中南海的红墙。直接打了回票。

他们是外请的设计师。后来就改，最后的定案，设计师用打火机烧一张纸，残纸的背后，露出梁启超袁世凯苏曼殊等人照片。"野史记"三个大字,虽说是集帖,但总觉得太霸气。不过比第一方案已经好太多了。

书出了,华军忽然说设计师要请我吃饭。咦,哪有这个道理?见了面才知道,设计师是以前"三陌"的小伙伴。"三陌"是我一位朋友开的设计工作室。我写硕士论文时,借了他们办公室一角,每天跟员工们一起吃午饭,冲壳子,准有两三月之久。这可真是缘分了。

总的来说,跟华军合作愉快,书出后销得也还行,重印过两次。他就和我讨论再合作的可能性。我那时很想出一套丛书,每一本写一个城市,一个年份,比如1905年的北京,1912年的上海,1927年的广州,等等,20世纪可以选出十几个年份,主要材料要用报纸、日记,从舆论与个人的视角出发,关注社会史与生活史,这也是我写博士论文时萌发的想法。

记得那时约了萨支山、施爱东、颜浩、凌云岚、何浩等,一起吃了两三次饭。后来华军从中国社科出版社离职,此事遂中辍。但是——就因了这一场讨论,光荣的1217俱乐部诞生了,伟大的《话题2005》启动了,我的人生也被拖入了这漫长的与中国社会精神生活较劲的十年。这些事,参看《话题2005》的《缘起》。

而我这"地域/年份/舆论/个人"的理想,也并未就此寝灭。2011年写《民国了》,劈头第一章写《三位北京客的辛亥年》,2012年我逐日抄写1912年《申报》材料百余万字,都还是在想着从这一条路往下推进。

这样回想起来,真有"一饮一啄,莫非前定"的感喟。

至于《野史记》,它出世后,也是要直面惨淡人生。《夕花朝拾》的责编风端,这个互联网的早年玩家,现在电子书的出版人,电话里劝我开个当时尚属新鲜的博客,用来卖书。我听了觉得很有道理,于是在2005年11月16日,发出了我的第一篇博文《开栏卖书》:

> 大学时代,有个女生说,高莽是一个聪明的俗人。
>
> 十年过去,高莽聪明日减,俗气依旧。他写了几年专栏,自己以为已经出名,于是每天在新浪网的名人博客栏里找自己的名字。结果当然是没有。
>
> 高莽委委屈屈地向老婆诉说,却遭来劈头盖脑一顿痛斥:
>
> "你算什么名人!?名人怎么没人请你去做形象代言?怎么出了书西单图书大厦不请你去签售?还天天写博客,你有什么出息啊你?名人,名你个头!"
>
> 然后罚他去烧开水,晚上洗脚用。
>
> 高莽更委屈了。然而他不死心,最近有出版社猪油蒙了心,将他的专栏文章结集出版。高莽心又活络起来,天天在新浪的读书频道,看有没自己书的选载版。
>
> 看久了显示屏眼会累,于是高莽自言自语:
>
> "不登?不登算哒,老子自己登。"
>
> 于是高莽在新浪上又注了一个博客,预备把书中的得意篇什放上去,顺便吆喝吆喝,希望走过路过的朋友有钱的帮个钱场,没钱的帮个人场,多卖个十本八本,过年回老婆家时也好有几分颜色。
>
> 想是想得好,高莽又有点怕,觉得自己大小是个知识分子,沿街叫卖会不会有辱斯文。后来有人告诉他:当年小说《活着》再版的时候,余作家天天往地铁站跑,一到就问书摊老板"今天走了几本?"老板说,走了十本,于是余华高高兴兴回家吃饭。
>
> 高莽心里很是安慰,大家都是一样的嘛,没有物质文明哪来

的精神文明呢?两个都要硬嘛。

高芾有一位老师,叫钱理群。钱老师说过:人的物质欲望和精神欲望之和是恒量的。高芾觉得自己精神欲望已经通过写书得到了满足,下面该通过卖书得到物质欲望的满足了。

于是,高芾来到了新浪博客,开始卖他的《野史记——传说中的近代中国》。

从博客,到微博,再到微信公共账号,一有什么新鲜玩意儿,我虽不是冲在前面的第一方阵,但总是勇于尝试,不懈奋斗,主要目的,就是卖书。为此与许多陌生人相吵相骂,拉黑一片。

如果《野史记》有知,它问世九年来,看过多少兄弟从我手下杀向残酷的图书市场:《沈从文集》、《汪曾祺集》、《话题2005》、《话题2006》、《话题2007》、《话题2008》、《话题2009》、《话题2010》、《话题2011》、《话题2012》、《话题2013》、《合肥四姊妹》、《清末民初北京舆论环境与新文化的登场》、《民国了》……坦白说,就销量而言,还没有超过《野史记》的。原因大约正如某报所言,《野史记》篇幅"体贴的短小",佐饭如厕,马上床上,咸宜通吃。

师兄郑勇,一早向我要了这本书的再版权,一直放着,他说"找个最适宜的时机推"。这么些年下来,如果要等到我像易中天那么出名,很难,倒是他自己进步不小,这本小书就转给了师弟卫纯责编。

关于这本书内容的想法,初版后记已经交代详尽。此刻重读,如对旧影,哭笑两难。倒是书出来后,本着"杀熟"的原则,逼着爱东、颜浩、林逸、张林荫、马懿(何浩代约)诸友帮我写书评,重看他们在命题作文里抓耳挠腮地找话夸我,夸这书,莞尔之余,备感温暖。

《野史记》快将九岁,我也过了四十。它如果像儿子一样会长会说话,或许已经会对我背老杜诗"昔别君未婚,儿女忽成行"。现在我携着它的手,添酒回灯重见客,修订了若干细节,替换了三分之一的篇目(爱东在书评里或私下,埋怨《野史记》没有做到"全书有趣",这回我听他的话,努着劲儿有趣),愿故友新知,都来看看,这孩子长成啥样儿了,俊点没?

2014年7月1日于京东豆各庄

辑一

政事本纪

那个逃席的人

北京宣武门外,现在最有名的当然是 SOGO,成天吸引无数红男绿女。跨过宽阔的宣外大街,路南的小胡同一条条找过去,问问街口那个卖烤白薯的,达智桥在哪儿?不知道?那个卖糖炒栗子的呢?什么?这儿就是达智桥胡同!那……那个什么呢,在哪儿,远吗?不远不远,这儿不就是嘛,就剩下这个了。

就剩下一块牌子了。北京市重点文物保护单位,杨椒山祠。牌子嵌在一个杂货铺的门脸南侧,远远望去犹如爱国卫生运动的标语。后面的屋子,是老屋,可是低矮得不像话,断不是风云际会的松筠庵。

我不懂,为什么被列为文物保护单位和旅游景点的不是松筠庵,而是杨椒山祠。没错,杨继盛是明末人,但是把松筠庵定为杨椒山祠,不过是乾隆晚年的事。有清一代,小胡同里的这栋房子不断被人提及、描述、追忆,不是因为杨椒山,只能是因为松筠庵。

有许多大事件在这里发生。这里房舍轩敞,松林环伺,论野趣,当然比不上陶然亭,可它离城门近,与那座皇城的联系紧密得多。进京赶考的举子或同乡的京官,常常借这个幽雅的所在聚会游宴。这里甚至一度是翰林院清贵的学士们常规的吟游地点。

它出过的最大风头大约是在 1895 年。那年 4 月 15 日,《中日马关条约》的内容通过铺设未久的军用电线传到北京,立刻惊呆了所有的耳朵。割让台湾、辽东半岛和两亿两白银的赔偿,是大清与外国打

阮元是清代著名的儒吏，对学术大有贡献

交道以来最屈辱、最惨烈的退让。几个小时后，正在京师参加会试的举人们在一个叫康有为的广东人率领下，在松筠庵集会，草定了一份长达一万八千字的奏章。康的学生梁启超负责抄写，足足花了卅六个小时。他弟弟后来说，这件事改变了所有在场者的一生。这就是历史书上说的"公车上书"。

不过，面对松筠庵，我想起的是另一桩往事。那还是国运正盛的乾隆朝，权相和珅的生日在即，他向每一个在京的翰林都发了请帖——和珅并不像很多人认为的那样，是个草包。作为一个满洲贵族，他居然能够科第出身，实在不易，《儿女英雄传》里的安骥安公子也不过如此。不过翰林们不买他的账，他们约定当日在松筠庵聚会，谁也不准去赴和中堂的寿筵。

到那日，松筠庵冠盖如云，翰林们果然都到齐了。吃了一半，突

阮元的书法

然有一位庶吉士说肚子疼,匆匆离席,紧跟着直奔和府。和珅见着这位唯一来贺的太史公,表情几乎可以用感激涕零来形容,亲迎亲送不算,还回赠了许多礼品。

之后,这位名叫阮元的翰林公就青云直上,外放,升转,没多少年就成了封疆大吏。他在两广总督任上,出资在广州设立了一座学海堂,大大提升了岭南的读书风气。有人说,如果没有学海堂,根本不会有后来的万木草堂,当然也就没有康圣人之流。一只蝴蝶拍打着翅膀离开了松筠庵,千万只蝴蝶挤挤拥拥地又回到了这里。如果庵后的松树有知,它记得的东西,一定要比我们了解的多得多。

现代启示录

我知道，这个故事已经流传多年、众所周知，可是它总能不期然地浮现于脑海，让我愿意将它再讲一遍。

同治某年的某一天，武昌城里的文武官员，乘轿的乘轿，骑马的骑马，熙熙攘攘地奔波在大街上，人流涌向总督衙门。原来前两日，湖广总督官文发出请帖，说今天是"宪太太"的寿辰，例规县级以上官员都需盛装到贺。这位官文官制军，和后来的南皮张之洞张香帅不同，旗人子弟，好的是漂亮体面，江汉大小上百位当差的，谁敢不把家底儿穿在身上？但见补服鲜亮，帽顶闪烁，朝珠铿锵，喝道声连连，马蹄声哒哒，好不闹猛。

百官齐集辕门，挨次递上手版，请总督大人安，祝宪太太福寿双全！以湖北藩台为首，正准备躬身入觐，队伍前列，突然起了一阵骚动。少顷，只见藩台大人挣红了脸，捏着簇新的手版，怒冲冲地自人群中挤出来，边走边嚷："咱们是朝廷命官，他把咱们当什么了？岂有此理！岂有此理！走！走！"

哗然。互相打听：他这是跟谁？大喜的日子，成何体统？确切的消息很快从前列滚了过来。敢情今儿个不是制军太太的寿辰，只不过是三姨太太的生日！轰的一声，刚才是开水，现在成了油锅。大伙儿也顾不得次序，一径揪住辕门口的中军，索还手版。他官文宠妾灭妻，咱们不能替他长这个脸！还来还来，什么时候小老婆也做起生日

"中兴名臣"里,胡林翼比左宗棠低调,比曾国藩平易,有着湖南人中少有的柔和

来了?国家名器有这么滥用的吗?

手版基本上要回来了,可是走的人不多。巡抚大人还没到,很多人想等着看他的反应——也许是等着看笑话。抚台大人可是平发逆的名将,一定咽不了旗人官文的这口气。每个人都有点受辱的感觉,也许抚台能给他们挽回点儿面子:他可有专折奏事的特权!

抚台的轿子来了……手版递进去了……别吵吵……里面叫请……抚台进去了!他是不是还没听说今日是给小老婆祝寿?谁告诉一声去呀!要去你去,我又不是什么红道台,犯不上掺和!

抚台进去了就没有再出来。而且,据跟来的戈什哈说,抚台知道制军是为姨太太做生日。文武官员面面相觑,半晌,一个个灰溜溜地将手版交回中军。正好制军传令:谢诸位大人到贺,小妾生日,不敢劳动,一律挡驾。这些官员又灰溜溜地上轿,上马,回家。

没几日,湖北官场上盛传:官制台的姨太太,拜了胡抚台的老太太为干娘,见了抚台,一口一个大哥,喊得那叫一个甜。散辕后的饭局中,就有人愤愤不平:胡中丞一代儒将,恁地没骨气!一旁却有老于世故地点了一句:朝廷正在防汉人,不敷衍好旗下同僚,怎能施展手脚?

果然,自此以后,凡是抚台的主张,没有被制台驳回的,就算有什么阻梗,胡抚台让老太太跟干妹妹说说,过一夜,没有不成事的。

在史称"同治中兴"的这一时期,名将辈出,能吏无算,但要说满汉大员间最无掣肘的,当数湖北,一己主张推行最力的,也得数这位湖南人——胡林翼。曾国藩很感慨地说,胡林翼之难为,在于晓经权之变,而又节行无亏。

翁某今日洗脚

翁同龢是哪里人？这个好记，清末有一副巧联流传甚广："宰相合肥天下瘦，司农常熟世间荒。"上联骂李鸿章，下联斥翁同龢。所以出过两代帝师的翁家是钱谦益的同乡，江苏常熟。

翁同龢因为得罪了西太后，被赶回老家。在当时这不算丢脸，还可以美其名曰"养望林下"。他也着实过得不寂寞：皇上方当盛年，等到太后百年，他这个老师说一声"起复"，还不照样入他的军机？还许当个领班大臣。所以门前照样车水马龙，倒好像翁大人并未革职，是回乡省亲，小住数月。

翁同龢是晚清大书家之一，每天总要写上十余幅字，以消日遣怀。但是他很少答应别人的求字，亲朋好友，求十回也未必到手一张半张。就连顶头父母官——常熟朱知县，翁同龢也懒得敷衍，随他百计请托，片纸不入公门。不怕县官，就怕现管，一个革职的乡绅，还这么NB？朱知县恨得咬牙切齿，一点办法没有。

造化小儿看得有趣，手指轻轻一拨，时更势易。百日维新，戊戌变法，京中消息一天一个花样，最后是上谕到：奉懿旨，翁同龢荐引匪人，有"康有为才胜臣十倍"之语，着革职永不叙用，交地方官严加管束。

朱知县一跤跌到青云里，从此每天前往翁府，召集翁家所有奴仆，一一询问：中堂今天干嘛啦？上午？下午？晚间？夜里？吃了啥？见

10 野史记

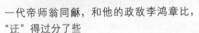

一代帝师翁同龢,和他的政敌李鸿章比,"迂"得过分了些

翁同龢的书法,世称一绝

了谁?言谈间可有大不敬的地方?必把翁家上下折腾个底儿掉。

翁同龢这个气呀,可他是清流领袖,一代大儒,总不能跟这种庸吏当面翻脸。也罢,你不是奉旨管束我的一举一动吗?老臣领旨,豁出贴补家人几双鞋钱,与我每隔几个时辰,往知县衙门送一封小札,上写:翁某欲往后院走动,请老父台核示。或是:翁某家中饭熟,将进食,请老父母巡视。再不就是:翁某午睡片刻已醒,现坐于厅上与客略谈,请老父母详察。

最后一封书信,内容是:翁某今日洗足,请老父台驾临看管。翁老爷子也写出神气来了,两页八行,写得飘洒自得,夭矫不群。

第二天果然清静了。翁同龢捻髯微笑,姜还是老的辣。过得两日,突然有人急急来报:朱知县将中堂大人请看管洗足的信函,用白绫裱成合锦条幅,挂在县衙花厅,逢人便夸,说古人有"争座位帖",今有中堂的"洗足帖",大可辉映古今,合为双璧云云。现在合县士绅都知道中堂大人请知县来看自己洗脚。

翁同龢的老脸红没红?不知道。反正他要求收回这幅书法作品。朱知县这个SB,居然收了他一屏一对,就把信还给翁家。不用说了,什么也不用说了,这幅本可成为书法史文化史经典作品的书法,肯定被老翁烧了……朱生,你知不知道,翁中堂的对联、屏风,京师琉璃厂有不少卖的?

补记:突然想到前几年关于鲁迅日记中"濯足"是否代指性交的争议,嘿嘿,脚,以及对脚的洗涤,在中国文化史上,还真是个意义丰富的符号。

康祖诒中举

四品军机章京康祖诒康大人,学问有得弹(注:广东方言,意为"没的说"),朝中一班大老都推重得很。可是他走过一段非常坎坷崎岖的成才之路。

他十九岁就成了"荫生",就是先人当大官,后代就能以秀才身份直接参加乡试。那年是光绪二年,没考上,一直考一直考,到了光绪十八年,他都三十五岁了,还是得个吉(什么都没有)。对此外间有许多议论,有说康某人命途多蹇的,有说广东的"南闱"历来就难的,洪秀全不也是考了十四年不中,才起意谋反的吗?可是康大人三十一岁时跑到北京去考,不是也没中吗?

这其中另有原委。

康大人衰就衰在太早出名,那时他的学生都已经出了好几个举人啦。像那个梁任甫,还娶了主考李大人的妹妹,进京以后到处揄扬他老师的"公羊学",弄得一班大学士潘祖荫啦,翁同龢啦,都欣赏得不得了。有欣赏的就有嫌恶的,最大的反对派,是徐大学士徐桐。

说起徐桐,这个人的顽固是出了名的,京师人称"徐老道"。他最恨洋鬼子,可偏偏家就住在东交民巷附近,天天看着黄发碧眼的夷人进进出出,一口气出不了,只好在门上贴一副对联:"望洋兴叹,与鬼为邻。"徐老道最讨厌康祖诒,动不动就说:"什么公羊母羊,都是乱天下之学,康祖诒这种人,必须挡着他的出路,让他不能

自号"长素"的康有为,少年立志,一生不改

考官吴郁生。戊戌政变,六君子被戮,慈禧因康有为出其门下而不用

出头!"每次朝廷放了广东主考,徐老道总要当面叮咛,可不能让那个康祖诒中呀,万一要是中了,也要把他的卷子抽掉换掉,一定呀一定。这么一来,这康祖诒能中举吗?

癸巳这一年(1893)的恩科,广东主考放了顾渔和吴郁生两位大人。临行徐老道又嘱咐上了,两位主考唯唯诺诺,牢记于心。

考完以后判卷,为了一份卷子,两位主考争开了。因为这份卷子,是副主考吴郁生看中的,他觉得这么好的文字,非"抡元"不可。可是按惯例,"抡元"的卷子得从主考判的卷子里选,副主考只能选二、四、六……名。所以顾渔不乐意让这份卷子排第一。两人争执不下,同僚们赶紧排解。最后决定,给它个第六名!为什么只给第六名呢?因为乡试例规,写榜的时候,先空着前五名不写,从第六名写起。写完余下的,再由第五名倒填到第一名,称为"五经魁"。第六名呢,称为"开榜",这也是一种荣誉。

判卷的时候,两位主考还互相提醒,别忘了把康祖诒的卷子抽换掉。可是一争排名,两位主考官都气鼓鼓的,到了半夜拆卷子放榜的时候,谁也不跟谁说话。谁知写榜人拆开第六名卷子的弥封,一唱名:"第六名举人康祖诒,南海县荫生!"

两位主考心中大惊,张口欲呼,又都一下没叫出来。说时迟,那时快,康祖诒的名字早已一个传一个,传到外院去了。外面等着的无数报子,立即飞奔出门,上马,加鞭,直奔南海康府领赏去也。

这也可能是一个传说。因为也有人讲,那年康大人中的是第八名。不管怎么说,康大人这下总算守得云开见月明。转过年,他老人家进京会试,带着一帮子举人搞什么"公车上书",之后的事情,你们就都知道啦。

一个状元的诞生

古话说：场中莫论文。科举考试这东西，和那诺贝尔文学奖仿佛，搜中的能人异士固然很多，漏掉的也不少。最牛的是状元，称为"大魁天下"，其实明清三百来个状元，真正成大器的甚少。因为中不中状元，实在与个人的才学无关。

清末有个状元叫张謇，后来成为立宪派的代表人物，入民国以后也是政坛的风云人物。龙公（姚鹓雏）有《江左十年目睹记》，就是专门写此公的。他是怎么当上状元的？我可以用一句"峰回路转"来形容。

张謇状元出身，却以实业闻名后世

张謇的父亲是海门人，卖糖为业。后来迁到如皋，辛苦供儿子念书。张謇在如皋考秀才，属于"客籍"，需要当地学官作保。如皋有个马讼师，看张謇父亲有钱，勾结学官，勒索"印结费"纹银两千两。张家只肯出八百两，于是马讼师找了个姓张的，说他才是张謇的生父。这件事闹得不可开交，马讼师势力太大，一县人都知道张家冤枉，谁也不敢说什么。幸好，如皋地属南通州，知州孙大人很知道一点张謇的才学，干脆大笔一挥，让张謇附到南通州学来。这一下马讼师无计可施了，可是后世就只知道南通出了个张状元，谁知道张状元是如皋人？如皋人气不过，只好自嘲："如皋连个状元都载不住，海门送来，又被马某送到通州。"

张謇的状元是怎么来的？最关键的因素，在于他的老师是赫赫有名的翁同龢。张謇中状元的那一年，是赫赫有名的甲午年（1895），翁同龢身为帝师，入值军机，坚决主张对日开战，俨然清流领袖，声名如日中天。这一年派的殿试阅卷大臣，翁排在第三位，首席阅卷大臣是张之洞的哥哥张之万。要说阅卷大臣有八位，各花入各眼，怎么就轮到张謇中状元呢？这就得归功于张謇门板都挡不住的运气了。

张謇殿试完毕，把卷子交给收卷官，巧了，收他卷子的人他认识，是翰林院修撰黄思永。黄思永一看，是张謇，有交情。先不交卷，打开看看再说。呦，这就出问题了，有个错字，张謇挖补了，这没问题，可是张兄呀，你忘了把正字填回去了。殿试最重卷面，要是就这么交上去，不用问，三甲最末。黄思永从怀里掏出笔墨，帮张謇把这字填上了——告诉你，历年的收卷官，都随身带笔墨，为了就是有机会帮一帮认识的新进士。这还不算，黄思永还知道张謇是谁的得意门生，可可儿就把这卷子递给了户部尚书翁大人。

说实话，考上进士，是考生的本事，因为卷子是密封的。谁中状元，那就全凭运气了。说是皇上钦点，其实皇上很少改动阅卷大臣拟定的结果，除非准状元叫"王国钧"（亡国君），太不讨口彩了。按惯例，应该是首席阅卷大臣张之万来定状元，翁同龢也就能定个探花。可是翁坚持要让张謇中状元，张之万不干。别的大臣都不管，李鸿藻可向着翁同龢——他们俩都是清流的首领嘛。最后张之万只好让步，官衔资格，都是张高，可是翁大人势大，那胳膊能拧得过大腿？就这么，甲午年的状元诞生了。

曾国藩曾经自拟墓志铭曰："不信书，信运气，公之言，传万世。"曾文正公的道德文章，我都不大佩服，但这句话实在说得好，他老人家立德立功立言，却要留下这句话，让成功人士别狂，不成功人士呢，也别泄气。"万般皆是命，半点不由人"，一想到这句话，我就能放下《财富》之类的杂志，心安理得地过我的穷日子了。

事关科举

科举是多年来不断挨骂的一个东西。说它羁縻英雄，说它愚弄才人，说它销磨意气，说它沉沦士风。在科举废除之前，说它好话的，我没见着一个。

庚子事变后，两宫还京，被洋人刺激得有点抓狂的西太后终于决心改良，再加上一个不是正途出身的袁世凯撺掇，实行了两千余年的科举制度终于轰然坍塌。整个社会对此表现漠然——那也是因为各大传媒都是由先进人士操控。至于许多州县有秀才前途无望，哭闹着上吊；无数塾师饭碗一朝跌破，不得不凄凄惶惶地重进师范学堂回炉，这些都只化作了"社会趣闻"的一则半条。

不过一种制度实行两千年而不坠，终归有它的道理。慢慢有人开始反思科举的合理性。梁启超所谓"夫科举非恶制也，所恶乎畴昔之科举者，徒以其所试之科目不足致用也"，还只是说对了一半。吕思勉则说，古人又不是傻子，何尝不知科举考的全是无用之物？只不过一个人能否将无用的东西学好，可以看出其人的资质智能，所以科举并不是用来选学有所成之士，而是在选可堪造就之人。

说得更明白的，是徐凌霄——此人的伯父徐致靖，正是当年康梁一班维新党的保举人。他并不拥护科举，但指出科举的最大功效就是让平民有机会与拥有知识、环境优越的贵人子弟竞争。为了达到这个目的，出题范围必须要小，考法必须要简单，让只买得起四书五经

事关科举　19

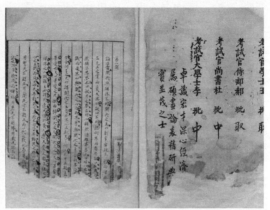

朱卷（一）

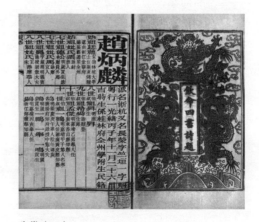

朱卷（二）

的寒士也能与诗书世家的子弟站在同一起跑线上。这还不够，又加一条：父兄有官居四品以上者，另设"官卷"，表面优待实则歧视，为的是留给下层读书人更多的机会，即如钱穆所言"科举制度显然在开放政权，这始是科举制度之内在意义与精神生命"。

在这个前提下，黄仁宇的看法比较容易理解。他认为，科举废除是20世纪中国历史上的头等大事，从此上下两层社会被打成两截，无法得到有效的沟通。

因为那时的中国是一个绅权社会，基层社会完全靠绅士的权威维持。开办学堂以后，人才都跑到城里，读书、毕业、考G考托、出国、就业，没有人再返回乡镇，也就没有了所谓绅士。另外，从小学到大学，长达十六年的竞争，也就没有了"朝为田舍郎，暮登天子堂"的机遇。这个过程中，家世和背景，起的作用越来越大。

自然而然，一个精英社会就此形成。少数人发言，大多数人保持沉默。有人觉得这就是一个好社会。

而我，只希望想起科举这种腐朽不足论的选举制度时，不要忘了它的立法精神。

科举好处说不尽

丘吉尔说,民主不是最好的制度,它只是"最不坏"的制度。一切制度选择,均当作如是观。科举这东西,就像葡萄,尝到甜头的都不吭气,尝不到的大骂其酸。我们有近百年不用科举,回头比一比,科举的好处真是说呀说不尽。

就说培养人才,目标不过是德智体全面发展。科举做得到。先说德,从前说"场中莫论文",论什么?论运,还要论阴骘。

黄昏,号舍的门一关,就有号军在巷道间巡行,一边喊:"有冤的报冤~~~~有仇的报仇~~~~"再加上广为流传的科场果报故事,一灯如豆,阴风凄凄,能从里面站着走出来的,不是真正德行无亏,就是心理素质极强。

清末江南贡院

次说智。科举的关键是"代圣人立言",也就是揣摩的功夫。这不容易,你得像秘书为大人物写讲话稿,想想他对于这个题目会说怎样的话,还不许提到圣人们死后发生的事情。过去常讥笑科举出身的人学问空疏,哪知道他们是自我封锁,免得一不留神让东周的人说了西汉的话,北宋的人通晓南明的典。而今的历史剧编剧们要有这份功夫,才叫阿弥陀佛。

再说体。院试乡试会试殿试,你以为体质差的人能过关?四五平方米的号舍里,食宿在此,作文也在此,很多地方的考场没有顶棚,落雨不怕,落雪也不怕。进场的时候得挎个大考篮,笔墨纸砚,衣食水米,全在其中,不亚于步行入藏的旅行者。最惨的是到了殿试,得自己背着考试用的桌子和凳子,从东华门一直走到保和殿。谁说科举培养出来的人才"四体不勤"?

不单德智体,还有美劳。基层考试有人抄朱卷还好,想殿试点翰林吗?写字得黑大圆光。不仅要苦练书法,还要懂得如何配制好墨,加松香使之凝,入锅灰使之润什么的。乡试会试都是三四天,又没有冰箱,不能都吃熟食,谁来为你煮米煮菜?还不是自己动手、丰衣足食。科举出身的人,起码不缺乏基本的生活能力,非如今高分低能的大学生可比。

对社会而言,科举的一大好处是均衡贫富。看过《儒林外史》吧?范进一中举,就有人送银两,送房屋,送田地,还有夫妇来投身为奴。浑家一死,范进马上就成了富家的乘龙快婿。财富就这样通过科举在社会中自然流动,万般皆下品,唯有读书高,就因为它是实现公平"看不见的手"啊。

最后说一个科举养士最大的好处,也是千百年骂名所在:销磨意气。人才天生,但要成为栋梁,最最重要的一条就是要经得起折腾。经过院试乡试会试殿试一系列折磨(还可能是重复重复再重复),终成正果，好比唐僧师徒八十一难后修得金身，浮躁之气尽去，沧桑之感顿生。将来为官一任，才不至于猛冲直撞，误人误己。相比之下，现今大学生所受挫折训练太少，不利于适应社会各种规则潜规则。只有考 T、考 G、拿 OFFER、被拒签、再被拒签，差堪比拟。要不怎么说海龟才是人才呢？

我儿子比你强!

张之洞说,洞庭湖南北有两大诗人,南王湘绮(闿运),北樊樊山(增祥)。

樊增祥一代诗宗,他在清亡后为一代名妓赛金花写的《彩云曲》、《后彩云曲》,传诵日下,有人比之为吴梅村《圆圆曲》。其实樊樊山更出名的,是他的成才之路,一部电视连续剧的好题材。

樊增祥的父亲樊燮,曾是湖南巡抚骆秉章麾下一名总兵。那日去谒见抚台大人,抚台让他也参见坐在旁边的师爷。樊总兵不知道利害,参见师爷时没有请安。那师爷大怒道:"武官见我,都要请安,你为什么不?快请安!"樊总兵振振有词:"我也是从二品的官,为什么要向你一个师爷请安?"师爷更怒,跳起来拿脚踹樊总兵,还高喊:"王八蛋,滚出去!"没过几天,朝旨下,樊燮革职回籍。

樊燮这一气非同小可,那师爷不过是一个举人,就觑得武官如粪土一般,我总要我儿子中个进士给你看看!回乡后造了一座读书楼,重金延请名师,不准两个儿子下楼,并且给儿

比樊增祥的诗词更出名的,是他的成才之路

子们穿上女人衣裤,规定:"考秀才进学,脱外女服;中举人,脱内女服;中进士,焚洗辱牌,告先人以无罪。"洗辱牌,就是家里祖宗神龛下一块牌子,上写"王八蛋,滚出去"六个字。

樊总兵的大儿子增祹早死,二儿子樊增祥不负所望,考秀才,中举,中进士,点翰林,一直做到江宁布政使护理两江总督。那个师爷呢,一直就是个举人,很大年纪才由朝廷赐了个同进士出身。从科名上讲,樊家完全取得了胜利,吐气扬眉。可是……可是,樊进士真是胜过了这个师爷吗?

老实说,虽然樊增祥诗名很盛,他的《彩云曲》石刻现在还存在陶然亭慈悲庵;但是近代中国多这么一个人少这么一个人,没有太大

恃才傲物的左宗棠

关系。如果没有那位举人出身的师爷，不说别的，新疆恐怕早就被俄国吞并了。

左师爷，左宗棠，中兴名臣，洋务重镇。"国家不可一日无湖南，湖南不可一日无左宗棠"，潘祖荫这句话，是当时世人的共识。

樊增祥当陕西布政使时，朝廷在西安为已经去世的左宗棠建立专祠。全省官员前去致祭，樊增祥不去。自打小时候起，他和哥哥就被教导，要恨这个没有见过面的左师爷，读书楼上，满墙都是他们稚嫩的字迹："左宗棠可杀。"

樊总兵至死也没有明白一点：左宗棠能侮辱他，并非因为左是个举人，而是左宗棠有大本事、国家用人之际、主事者求贤若渴——左师爷当时拜发奏折，根本不给骆巡抚看。郭嵩焘进士出身，二品文官，又是左的举荐人，照样被他气得半死。还有陶澍、曾国藩、李鸿章……哪个不受他的气？

还有一点，樊总兵也不明白：一个人有大本事、国家用人之际、主事者求贤若渴——这样的机遇在历史上出现的概率，是很小很小的。左宗棠命好，中了一个超级正彩。你跟一个中彩的家伙较什么劲哪？

那一跪的风情

扑通一声,张大人跪在地上,朝珠哗啦啦地一阵响。吴先生连忙站起来,侧着身子,表示不敢当。但是张大人长跪不起。

跪拜礼久已不兴,求婚时偶尔一用。胡适见溥仪,虽然口称"皇

张百熙(右)。1903年与袁世凯视察京师大学堂,左为译学馆监督朱启钤

上",但只是握手而已。近代只有两次跪,让人不能忘怀。一次是黄侃为了传刘氏经学,拜刘师培为师,行三跪九叩大礼;一次是张百熙的下跪。

张百熙字冶秋,京师大学堂第一任管学大臣。戊戌新政中,唯一被西太后留下的,就是这个大学堂,连她也知道再不办教育,国就要亡的道理。让张百熙当管学大臣,算是选对了人,易宗夔《新世说》称其"爱才如命,顾不喜善谀者"。曾经有一个年轻人,很为张所看重。张的宠妾生了病,这个年轻人居然在家里设香案,为张家姨太太祈祷。张百熙听说这件事(一定是年轻人故意放的风),叹息道:"我本来很爱他的才,但是我没想到……"后来就渐渐疏远了这个佞人。

张百熙来管大学堂,第一个问题就是请谁当总教习。他看中了桐城派大家吴汝纶。后来的新派如胡适,是不大看得起"桐城谬种"的,可是胡适也承认,最负盛名的桐城三大家俞樾、王闿运和吴汝纶中,吴"思想稍新,影响也稍大"。"稍"是什么意思?俞樾没什么好弟子,王闿运门下出了一个杨度,而严复、林纾都是吴汝纶的弟子。"并世译才数严林",这两个人以古文译西方名著,对近代文风影响之大,只有梁启超可以比肩。

张百熙去请吴汝纶。吴年纪已经很大了,不肯应聘。一而再,再而三,张百熙竟然当场跪下,非要吴汝纶答应不可。且不说当时张百熙是朝廷大吏,吴汝纶只是一介文士。就是搁现在,一位大学校长要请一名教导主任,有这样干的没有?"爱才如命"四个字,到位。

张百熙这一跪,实际效果几乎为零。吴汝纶虽然答应了当总教习,但是要求先到日本考察,考察完回国就

吴汝纶抄本

生病，死掉了。对于京师大学堂，吴汝纶没有实质上的贡献。但是我们总该记得燕昭王千金买马骨的故事，张百熙继请的总教习张鹤龄，也是古文名家，而且对学生极好，五十年后，去思犹存。

张百熙这样的校长，总算是难得了。从热情和能力来说，他不逊于蔡元培，但是，他实在没有蔡元培那样的机遇。学生闹着要"伏阙上书"，西太后马上把张痛骂一顿，并派满人荣庆（此人极昏）来会办学务。他的继任者是晚清第一能臣张之洞，也没能办成什么事。形势比人强，自古皆然。难怪大学堂第一届毕业生邹树庆感叹道："我们现在人知道景仰蔡孑民先生，而忘记了张冶秋先生任管学大臣时代创办之艰苦，实在比蔡先生的处境难得许多呢！"

古人抄得我抄不得？

相声《连升三级》曾入选中学语文课本。张好古被人愚弄，送了一副骂魏忠贤是曹操的寿联给魏九千岁。谁知这副寿联挂了一天，魏忠贤没来得及看，文武百官看见了不敢说。到后来崇祯扳倒了魏忠贤，张好古反而因为送过这副寿联，连升三级。

所以说艺术高于生活，现实中哪有这么好彩？

八月初三是湖广总督张之洞的五十五岁寿辰，正好碰上张一力创办的两湖书院落成，喜上加喜，总督衙门热闹非凡。贺礼寿文多如牛毛，张香帅（张号香涛，人称香帅，与楚香帅无关）最喜欢其中的一幅寿屏，有什么重要客人来了，赶快引去看。这篇寿文通体用骈，典雅堂皇，尽括张之洞平生功业德行，人人赞好，用某大吏的话说，真是"渊渊乎汉魏寓骈于散之至文也"。

偏偏张之洞幕府中有一个机要文案赵凤昌，在旁边冷冷地说了一句："此作好像与龚定庵集中某篇相似。"龚定庵就是龚自珍。正在兴头上的香帅一听，如同一盆冷水浇在头上。不会，万万不会！作此文者，是名重一时的翰林公周锡恩，不仅是我张某人的得意门生，连湖北臬司陈宝箴（陈寅恪祖父）这样的饱学之士，也极为推重，他怎么可能做下这等事来？

不过，赵凤昌的话好像也非空穴来风，好在总督衙门无书不有，且取《定庵文集》来瞧瞧。是了，是这篇了，《阮元年谱序》，开头就有点眼熟……不像话，实在不像话，竟有三分之二与龚文一模一样，另外三分之一的格调句法也如出一辙！阮元的事迹，本来就和我很相似，翰林出身，封疆大吏，办海军，设书院，门生满天下，难怪他能抄得这么贴切！周锡恩啊周锡恩，本帅一向待你甚厚，你竟如此欺我！我还当着众宾客这样夸奖，让天下学人，看到此文，都来讥笑我张之洞不读书！幸好赵凤昌及时指出这一点，才免得我丢更多的丑……

张之洞照片，选自丁韪良《中国之觉醒》

从此，张之洞极疏远周锡恩，几乎从来不见，连周锡恩回京，照例的程仪，当老师的也不送。而且张之洞并不隐瞒此事，渐渐京师也有所风闻。那年翰林院大考，周锡恩的文章技压全场，末了居然只得了二等。为什么？阅卷大臣怕呀，万一又是抄的，那可不只是受人耻笑，皇上会给处分的！

周锡恩受到这样的打击，当然怨恨老师张之洞，但他更恨赵凤昌。自从张之洞和他疏远后，对赵凤昌宠信有加，什么事都要和他秘商，以致外间人说赵是"一品夫人"！君子报仇，十年不晚，周锡恩终于逮着机会，狠狠连张之洞带赵凤昌都参了一本，几乎酿成官场的大风波。

最绝的是，周锡恩后来刻自己的文集，居然将这篇寿文收了进去。弟子们都劝他删掉吧，何必徒留话柄予后人。周锡恩也挺倔：《史记》、《汉书》里还有全篇抄别人文字的先例呢。收！

你我约定

网上有人问，为什么"失约"叫做"放鸽子"。我查了一下，一是可能源于旧上海的彩票，俗称"白鸽票"，一般都有去无回，它也可能是老北京养鸽子的爷们儿的惨痛教训，鸽子放出去就回不来——有专门裹人家鸽子的人在那儿等着呢。

失约总是不好的，不管是否有意。如果失的约会影响历史的进程，那——那简直不能叫做放鸽子，而应该称之为放卫星。

近现代史上这样的大失约很多。袁世凯与日本草签的"二十一条"，民国与清室签订的优待条约，最后都不能执行到底。私人之间的约定，意义如此巨大的也有。且来说两个，凑巧的是，约定双方都是一个湖南人，一个广东人。这两省的同胞，留在近现代史上的身影可真不少。

清末，横滨，永乐园。觥筹交错之间，一场大辩论如火如荼。争论的是当时最时髦的话题：中国应该实行君主立宪还是民族革命？辩论双方，一方是湖南人杨度，后来袁世凯称帝的舆论总管、筹安会的发起人；另一方是广东人孙文。闭上眼睛都能想到，谁也没法子说服谁。杨度走的时候，拉着孙文的手说："我主张君主立宪，一旦告成，希望先生可以助我；先生号召民族革命，先生成功，我也会放弃我的主张，以助先生。都是为国，不必互相妨碍。"

陈炯明叛变，广东分裂。之前视为大敌的北方军阀反而成了旁观的渔人。大好机会,岂容错过,吴佩孚亲自到衡阳督师,要率军入粤帮助陈炯明。广东革命政府局势危如累卵。这个时候,杨度上场了。

杨度在见到孙文的信使后,重提往事,既然先生成功,我应当全力以赴帮助他。于是到处奔走,过了几天,他约见广东使者,一见面就说:"事情成了,我终于能践与孙先生在永乐园之约了。"果然,北洋军突然班师,吴佩孚回到洛阳。临时大总统孙中山可以专心处理广东内乱,不必再担心北方乘虚而入。

至于杨度怎么做到这一点的,据野史记载,他利用了直系军阀之间的矛盾。吴佩孚是最跋扈的,早就和直系大将王承斌、熊秉琦等有积怨。再经杨度联络薛大可、夏诒午私下这么一说,王、熊居然联合反对出兵广东,理由是"陈炯明是叛将,以下反上,出兵助之,师出无名,将来人人仿效陈炯明,那还了得"?曹锟居然以此言为是。吴佩孚气得当夜离京,料想玉帅(吴佩孚字子玉)心头这个气呀,不亚于当年范增在鸿门宴上。

这是践约的。失约的是谁?湖南人宋教仁。他组织国民党竞选总理,胜算很大。对手方是进步党的梁启超。梁启超以前是保皇派,曾与章太炎在日本大战,民国建立,革命派因为他曾阻挠革命,很看不起他,梁也自觉脸上无光。宋教仁摒弃众议,亲自访问梁启超,并且向他提出:两党应该像英美那样轮流执政。在即将到来的国会大选后若梁启超当政,他愿意在野相助,否则他出来时请梁善意监督。梁启超一口答应,因为英美两党制,正是当时开明政治人物的最高政治理想。这一约定如能实现,其意义可想而知。

不料宋教仁被人刺杀,之后便是解散国会,洪宪称帝。力量制衡的两党制从此再不可能出现于中国政坛。宋教仁算是放了梁启超一个鸽子。这一放不要紧,可就把中国现代史的一种可能性给轻轻放掉了。

岳麓山上土馒头

长沙真是一座没有历史遗迹的城市。贾谊故居，假的；船山学社，假的；新民学会，也是假的。花了整整半天工夫也没找着时务学堂旧址碑记，我不得不认识到，1938年文夕大火，把长沙烧得真是干净。所有遗迹似乎都已葬身火海，连名字都消失在附近老住户的一脸茫然中。

翻一翻书店里的文史资料，更是彻底地死了心。里面大字书曰：长沙历史上著名的十次大火。呵呵，不著名的呢？改名叫火城算哒。

有没有真的古迹？得上岳麓山，那儿有很著名的两个土馒头，葬着近代史上两位盖世英豪。

山上最有名是"鸟语林"，据说有来自泰国的好色鹦鹉，游人颇众。隔着不远，有个粉店。再往上走一段阶梯，是黄兴墓，往下走，是这位民国伟人的墓庐。

黄兴去世后，有点头脸的人都送了挽联。我独爱章太炎章疯子的那副："无公则无民国，有史必有斯人。"章太炎当然记得，他在东京发现孙中山私自接受华侨捐款，大为恼怒，声言要和孙决裂，拥戴黄兴为同盟会总理。黄兴费了多少苦口，才说服章太炎和吴稚晖，继续维持孙的领袖地位。孙中山后来极感激黄兴。但还是这位黄兴，在孙中山改组同盟会为中华革命党反袁时，拒绝向孙表示个人效忠以重新

蔡锷着将军服照

黄兴戎装照

入党。始终保持对事业而非对个人的忠诚,整个中国近现代史上有几人能够呢?

　　蔡锷当然也是一个。稍知现代史的人都会感慨这位一代名将的早逝。可是往深处想,蔡锷活下来,能起多大作用?他是一个有操守的人,护国战争前就和老师梁启超约定"失败就战死,绝不下野;成功就归田,绝不争权",这就注定了他会在政治斗争中失利。我想,他活下来,多半也是另一个李烈钧——当年响应武昌首义和二次革命的江西都督,后来审判张学良"叛国"的军事法庭庭长。如果蔡锷也要走这样的道路,我忍心说一句,他还是死在北伐成功前的好。

　　黄兴和蔡锷,在主流历史的叙述中地位不弱,大约是因了他们的早死。黄兴的墓是国家文物保护单位,蔡锷的是省级。这意味着这里也是爱国主义教育基地,清明节会有中小学生来扫墓。

有人喜欢用辛亥革命和美国独立战争作比。我想来想去,唯一在政治人格上可以和华盛顿、杰斐逊比比的,好像只有这两位。在他们的历史中,我看不到为自己名利地位的丝毫考虑。如果你知道他们有这方面的想法,请告诉我,如果还有别人能这样做,请指出来。

宠 妓

他是那种在历史的长夜中若隐若现的人物。那些和他擦身而过直接走进历史的人，是他点烟的火柴。哧的一点亮光，让我们一瞥他凑近的面容。然后，一切又沉入愈来愈浓的黑。

有多少人听过徐绍桢这个名字？当这个广东人接掌江北提督的时候，清廷气数已尽，乱世将至，多少枭雄在他麾下军帐中蠢蠢欲动。徐绍桢每日巡视大营，却想不到清晨吹响军号的号兵孙殿英，日后会炸开高宗纯皇帝和孝钦太后的陵墓，也想不到第四标那个满脸横肉的士兵张宗昌，会成长为"不知兵有多少、钱有多少、妾有多少"的狗肉将军。

我也是偶尔才会听闻关于他的一鳞半爪。

徐绍桢晚年照

辛亥年，孙中山就任临时大总统，徐任南京卫戍总督。南北议和后，孙中山为了酬功，送给他一百万公债。徐绍桢用两万元办了一份《民立报》，用一万元遣散沈佩贞等人的"女子北伐队"，其余九十七万交还孙中山。孙中山说，你可以留着这钱搞政治。徐说了一句豪言壮语，他说："有钱的人不能革命。我还要追随您继续努力,所以不能有钱。"——我仔细地看了看手中书的封面,确实不是《徐绍桢纪念集》一类,姑妄信之。

津浦路陶局长回忆:徐率部起义后,统兵进攻驻在南京的代理两江总督张勋。城破之后,有人来报,在下关截获张勋宠姬小毛子。徐绍桢很奇怪:抓一个姨太太干啥?莫非要逼张勋当吴三桂?众将官上前禀报,听说张勋非常宠小毛子,每天都到她屋里几趟,而且,这个小毛子漂亮得不得了,大家都想饱眼福,请都督公开审理,也顺便污辱污辱张勋这个清廷的鹰犬。徐绍桢不干。可是小毛子这事儿已经传得沸沸扬扬,有位名人专门打上海给徐绍桢写信说:既然不审,可也不能白抓,军饷匮乏,小毛子跟张勋之前就大有艳名,不如送到上海张园,收票参观,每票只要四毛,上海人那么爱新奇,一定万人空巷,到时候十万军饷唾手可得。徐绍桢不但不听,还决定派专人北上,把小毛子交还给张勋。

大家都不理解:我们不是革命党么?张勋不是清廷走狗吗?咱们干嘛对他这么好呢?传出去不是笑话嘛!徐绍桢有他的道理:你们看看小毛子,那是一个标准的祸水哇,让她回到张勋身边,正好帮我们的忙。——书中交代,张勋复得小毛子后,不但没有速死,又娶了两个小老婆,还抽空演了一场复辟闹剧。

津浦路南段局长陶逊,觉得实在太亏了。他主动请缨,当送还小毛子的专使。陶局长很懂男性心理,他单身去徐州,回来带了一个车队!张勋一高兴,把抢走的十四辆机车、八十辆客车全还给陶逊。还是女人值钱,陶局长感慨地说。

徐绍桢退休后住在上海,几个老部下去看他。徐很高兴,在式式轩请大伙儿吃饭。赴宴之前,他把马弁叫来耳语了好半天。酒足饭饱,侍者送上账单,没想到徐绍桢盯着账单,满脸惊愕,半天说不出话来。大家看看不像样子,赶紧抢着付账,总算把尴尬局面化解了。

过两日,其中一位又碰到徐绍桢,都是老熟人,不免取笑一番。话音未落,旁边的马弁小周急得跳了起来,大声嚷道:"那天我们都督给了我一件老羊皮袄子,送到当铺去当了八块大洋,打算好好请各位吃上一顿。谁知道你们那么能吃,一下子吃了十三块八角。你说咋办?你说咋办?"

吃鸡不买田

新会小鸟天堂的出名,全靠巴金一篇散文《鸟的天堂》,这篇散文的出名,又是靠被选入小学语文课本。所以今天新会小鸟天堂的门票卖到三十元,最应该感谢的是修订中小学课本的叶圣陶诸先生。

巴金该散文中提到第一次经过那棵大榕树,是和朋友划船到一个"有山有塔的地方"。不错,站在小鸟天堂所在,一眼就能望见那山那塔。顺着江边的公路开去,几分钟就到了一个村落,名唤茶坑。此地面水背山,龙伏蛇踞,东挹灵山爽气,西聆深树鸟鸣,风水好得要命。不出个把伟人真对不住老天一番苦心。

这里出过一个人叫梁启超。梁任公一生政治学问,都有绝世的手笔。罗瘿公给他的五十寿联写得最贴切:

每为天下非常事
已少人间未见书

他十三岁上广州求学,十七岁中举,廿二岁随师入京,廿四岁创《时务报》于上海,廿五岁主讲长沙时务学堂,廿六岁流亡日本,一直到民国四年(1915),才回到故乡给父亲做了一次寿。

梁启超流亡日本期间,他父亲曾千山万水到日本去找他,大概意思是:仔呀,你已成家立业这么多年了,家里的田地还是跟从前一

梁启超1919年2月26日（正月廿六日）生日当天摄于巴黎

样，一亩都没有增加，你快快给我钱，置点田地，才对得起祖宗呵。梁启超那时立足未稳，哪有钱给老太爷？老爷子就寻死觅活起来。呵呵，我猜当时任公内外交困，说不定真后悔没有陪着谭复生留在国内殉难。

好在，一道来日本的门生故旧，募捐集资了一千二百元，才把老爷子打发回乡。据说梁老爷子回去后就买房买地，由中农变成地主，过上了幸福的日子。

梁启超民四为父祝寿的盛况，地方文献上有明确记载："附近河面停泊官绅船只密不见水面，梁家宾客盈门，贺仪堆积如山。达官贵人均有所馈赠。段祺瑞亲题'圭峰比秀'四字匾额为赠，逊帝溥仪亦赐了一个亲书的'福'字。"撰写者还很不平地添了一句："独袁世凯无任何表示，且派刺客行刺。"不要怪老袁狠，姓梁的之前一篇《异哉所谓国体问题者》（袁曾出二十万大洋买它不发表），之后一封《与蔡松坡书》，活活葬送了一个洪宪帝国呢。

梁启超此次回乡，力劝父亲不要买田，甚至说"假若十块钱买一亩田或十块钱买一只鸡，我宁愿吃鸡不买田"。梁启超对买田这么反感，大概又想起了在日本时的窘境。为了证明自己不买田也能光宗耀祖，梁启超在祖屋门前挂了一块大木牌：

　　一等嘉禾章中卿衔少卿司法总长参政院参政　梁启超

民国催债第一高手

要知道谁是民国催债第一高手,先得知道谁是民国赖账第一高手。赖账高手姓袁,名世凯,民国首任总统。他平生最大的赖账,是洪宪帝制发动前,组织了一个近千人的国民代表大会,一致推戴他当皇帝。这些代表们自以为拥戴有功,富贵可期,天天在北京城狂吃滥嫖,欠下烂账无数,净等着洪宪皇帝给他们埋单,不料老袁过河拆桥,上楼抽梯,每个代表只发一百元大洋。一时间哭声震天,怨声载道,代表们哪个不是当衣典裤才离开京城?以曹锟后来贿选总统时每票两万元计,这笔赖账足足有将近两千万袁大头。

等到帝制失败,老袁退位,这才轮到催债第一高手出场。来者何人?姓周,人称周妈。她的委托人,是其主人兼姘头,筹安会首领杨度的老师、湖湘第一才子王闿运。

还是老袁在谋划当皇上时,觉得王闿运乃大名士也,托人说项,请他列名为劝进领袖。王闿运以前曾劝过曾国藩称帝,有什么不肯?只是回信说:王某这个名字,每字要卖十万金!老袁一口答应,指令湖南都督如数拨给。不过,湖南借口现钱不足,先付了一半。

不料帝制取消,湖南独立,尾款自然扣住不发。王大名士年老力衰,只好委派第一号心腹周妈为代表,来京索债。

老袁只当钱已付清,谁知道还留了这么个尾巴!想致电湖南问问吧,那边已经独立,正在讨袁。只好回转来和周妈吃讲茶。民国笔记

大总统时期的袁世凯

中记载的对话精彩,不可不录:

袁:不管钱有没有到位,我的事业已经失败,你家主人怎么还能来要债呢?

周:我们家老王列名,只是负责劝进,你成不成功,我们哪个能担保咯?我家老王八十多岁了,从来没有离开过我一天,现在派我来北京,已经十天了,不知道多想念我呢。你一个大总统,动辄耗财百万,不在乎这些个小数,做么子不把钱给我,好拿回去让我家老王高兴高兴呢?

袁(温和而诚恳地):你既然怕主人孤寂,我这里一时款项又不充足,不如你先回湖南,我筹足款再给你寄过去如何?

周(不高兴地):老婆子奔走几千里,专为取款而来,现在两手空空回去,怎么对得住我家老王嘛?大总统,你行行好吧,把钱我,马上就走！

这一顿讲茶，吃来吃去吃不妥。老袁想把周妈晾一边，可是周妈每天会去春藕斋吵闹一通，老袁躲开吧，她就遍搜各位姨太太的房间，反正她在袁府也住熟了。最后老袁发火了：

袁：我就不给你钱，你能怎么样？

周：不给钱，我就不走！

袁：你不走，我就不能赶你走吗？

周：赶我也不走！

袁（大怒）：莫非我就不能杀了你吗？

周（亦大怒，撒泼）：你杀，我让你杀！你先求我家老王，现在不给钱，还要杀我，传出去才好听哩！你能杀人，不去杀西南诸省的乱党，倒来杀我一个老婆子，什么意思嘛？到时候外面都会说：袁大总统当不成皇帝，杀一个老婆子，赖掉十来万块钱，也是高兴的。莫忘了，我家老王还有一支史笔，你就不想想你会在历史上成一个啥人！好，要么杀我，要么给钱，你决定吧！这该死的老王，他让我来北京送死……呜呜呜呜呜……

结果呢，自然是周妈大胜，拿钱走人。老袁赖账不成，反被一个老妈子羞辱一番，没过几天就死哒。

中了传奇的毒

电视连续剧《走向共和》里有一个识袁世凯于风尘的京城妓女"英子",后来成了正果,变成袁大人的老婆领班。看着电视我就嘀咕:这是哪儿来的角色?记忆中袁大皇帝共有十六御妻,没有这么个重情义知疼热的倌人哪!于是去翻民国的野史,有了!当然只能说是仿佛而已。

此人叫吕商英,是上海长三堂子里一名半红不黑的倌人。红不起来,一则因为她长得平平,二则她喜欢玩弄嫖客,属于"黠妓"一类,性格上也不讨好。袁世凯落魄海上,不知怎么就碰上了这位吕姑娘。好戏开场了。

吕商英对付嫖客,喜欢弄点小手段是不假,但她有个大弱点,平时喜欢听弹词戏曲,什么《战金山》、《珍珠塔》,里面说到前辈妓女的故事,尤其听得入耳。她还知道红拂夜奔李卫公的传奇。看得多了,难免想象中化身作了红拂女、梁红玉,只等着风尘中结识一位落难英雄。

袁世凯正好符合这个想象。一

清末时期的袁世凯

个辗转穷途的年轻人,家世很好,野心勃勃,绝对是支潜力股。而且他一出现,就大赞吕商英"不是凡品",一点不在意她的中人之姿和爱骗人的恶名。吕商英自然觉得此人非等闲狎客可比,英雄惜英雄,公子将来定有出头之日,一番恩情之后,就要以终身相托。

上海滩上妓女要"砍斧头"(敲诈嫖客)或是"溨浴"(借嫁人还债),声称要嫁恩客那是常有的事。袁世凯老于风月,当然极口推托,"在下一介寒士,哪有钱来筑这藏金之屋呢?"这里可以看出吕姑娘是真心要找一个依靠,她拿出了一只鼻烟壶,告诉袁世凯这是以前的恩客相赠,价值数千银两,希望袁把它卖了,为自己赎身。

袁世凯得了这件珍品,从此就在上海销声匿迹了,也许堂子里的局账还没付清。几年之后,听说他在朝鲜立了大功,后来又在天津小站练兵。上海人再看见他老人家的风姿,已经是民国初年,遍街都是叮当响的袁大头了。

至于吕商英,据说早就因为梅毒死在医院里了。知道此事的人不免说,吕姑娘的眼光不错,只是没有挑对人。她与后来中《连环套》之毒的张学良将军一样,喜欢戏剧化的生活,现实却过早地落下了大幕。

然而传奇终究会帮着圆这个大谎。其中的因缘,有两种说法。一种说法讲的是"因":吕商英的鼻烟壶,本来就是从一位叫袁保中的淮军将领手中骗来的——袁保中就是袁世凯的生父!所以其实是吕商英遭了报应。另一种说法谈的是"果":1916年袁世凯病逝于北京,对外宣布的病因是尿毒症,实际上呢,是梅毒。袁大总统与前清状元洪钧一样,都是因为辜负了青楼知己,果报及于身。

不知道电视上的英子是否就是吕商英。如果是,总算吕姑娘得偿夙愿,让她的生活成为一出戏的蓝本。

一桩婚姻的意外死亡

历史学家为袁世凯的新形象辩解说，其实袁世凯是一个很有才能的人。这是一句很没有必要的辨正。庄子早就说过，窃钩者诛，窃国者侯。从成本产出比来说，反正是窃，何不窃国？但是窃钩者每天都能在公共汽车上碰到，窃国者几千年就那么几个。所以窃钩与窃国，主要是才能的差异。像袁世凯这样著名的窃国大盗，若说他没有才能，简直是在污辱整个近代史。

袁世凯最让我佩服的一点，是他对资源的运用能力。比如说：裙带关系。似乎没有必要像李敖那样直白地称之为鸡巴关系，因为在这种古老智慧的实施过程中，那话儿完全可以处在缺席的位置。如果不是像《官场现形记》中记载的那样，将自己的老婆或儿媳送给上司以博恩宠，那么达官贵人之间的通婚，更像是一次同仇敌忾的歃血为盟。

袁世凯自己娶了十六位夫人，却没有哪位是大家闺秀，他对裙带的运用主要体现在儿女亲事上。清季外强中干，操控全国局势的主要是四大总督。袁世凯自己是直隶总督兼北洋大臣，两江总督端方是他的儿女亲家，两广总督周馥也是他的儿女亲家。三位总督互为奥援，遥相呼应，所以袁世凯才能权倾朝野，直至夺清室之位而自立。

民国四年，袁世凯想要称帝，但他也知道这种干法不太得人心。端、周二人都已是明日黄花，他需要寻找新的盟友，新的儿女亲家。这次他的目标锁定为副总统黎元洪。

黎元洪确实值得争取。他是武昌首义的元老,但又并非孙文、黄兴一伙,甚至下令处决过革命元勋张振武。对于剿灭南方的二次革命也没有发什么杂音。如果他肯成为袁府的姻亲,帝制就不再是北洋一系在自说自话了。

上面放个屁,底下跑断气。风声一透出,北京上流社会就忙成一团,说媒的、做保的、听信儿的、发新闻的、合八字儿的,人人激动得不能自已。想想看,民国的大总统与副总统结亲啊,世间还有比这更伟大更合适的婚事了吗?

中华民国第一任副总统黎元洪

黎菩萨黎元洪当然不会、也不敢对这门亲事说不。但是他提出,要自己的儿子娶袁世凯的女儿——哪个女儿倒无所谓。可是袁府的意思呢,是要袁家的不知几公子,去娶黎副总统的闺女。这么着,两家拧上了。婚事就暂时搁下了。

一搁搁到民国五年。袁世凯终于忍不住登了基,立即下诏封黎元洪为武义亲王。按家天下的说法,黎元洪和皇上家非亲非故,岂能封为亲王呢?莫非老袁对那门亲事还没死心?

黎元洪没有接受这个封号,躲在光绪皇帝死过的瀛台死不出来。终于守得云开见月明,老袁翘了辫子,黎菩萨扶正做了大总统。有人事后诸葛亮,说当时黎元洪非要当男家,就是不愿意和袁世凯合作的托词。死无对证,只好随他说去。

可是老袁聪明一世,怎么就在这件事上不稍微让点儿步呢?这样看来,在裙带关系中,谁拥有那话儿,仍然是一个严重的问题。

政治宝贝

宝贝一词,在过去大致有三种定义:(一)珍贵的物件;(二)对孩子的昵称;(三)明清太监指称其为命根子。现在"宝贝"好像专门用来称呼某类妇女,从上海宝贝到足球宝贝。

如果要推选民国初年的政治宝贝,我选沈佩贞。

这个女人了不得,一张大名片,中间的大字是"大总统门生沈佩贞"——怎么个门生法呢?一问,她年轻时候读过北洋学堂,所以就认创办人袁世凯作老师,自行印刷了这么张名片。不过,袁世凯收到这张名片,居然也就点头承认,从此北京政坛多了一位竭力拥护帝制的"女臣"。

名片上还有一行小字:"原籍黄陂,寄籍香山,现籍项城。"也就是说,她的籍贯是和民国伟人谁在台上密切联系的,反正她和现任总统是同乡就对了。沈佩贞后来下落不明,不然她肯定会一变为宁波人,再变为湘潭人。

沈佩贞还是京师步军统领江朝宗的干女儿,朝中权贵,无不结纳,在北京城里风风火火,做下了偌大的事业。她有个闺中密友刘四奶奶,为了抢风头闹翻,结果京城警厅冲进刘府抓赌,抓到交通总长一名,参谋次长、财政次长各一名,关了一小时才放。自此以后,北京没有人不知道沈大门生的威名。

居然有人捋虎须!来者也非无名之辈,姓汪名彭年,乃是当年

《时务报》老总汪康年的弟弟。汪彭年和筹安会首领杨度关系极好,在新闻界也是风云人物。他主持的《神州日报》居然登了一条消息,指名道姓说沈佩贞等人在醒春居行酒令,嗅脚闻臀一类的丑态,而且连登三天。沈佩贞何许人也,当下先要求汪彭年请酒、认罪、登报,汪不理,于是沈亲率二十余名"女志士",江朝宗再派一名少将带着几十个卫士保驾护航,一路打上《神州日报》社去。

沈佩贞

汪彭年是聪明人,一看来势不好,自己从后门溜掉,叫姨太太出去顶缸。沈佩贞果然女中豪杰,并不和女人为难,只是大喊大叫:把汪彭年交出来!还有刘四奶奶、蒋三小姐一干女志士随声附和,几十名精壮步兵在旁边扎起,场面蔚为壮观,和火烧赵家楼有一拼。

有一位江西的众议员郭同,因为和汪彭年同乡,寄居在此,不知天高地厚,出头来与沈佩贞理论,立即被众女将冲进室内,将家什物件打得稀烂。郭同气得破口大骂,好!众女蜂拥而上,抱腿的抱腿,捉发的捉发,还有捏鼻子掌嘴的,一声"滚吧",郭议员已经被扔到院子的污泥里。

他骂骂咧咧地爬起来,发现裤腰带不知道被哪位女将抽掉了,只好提着裤子和众女对骂。双方污言秽语,甚是精彩。这些话,后来郭同控告沈佩贞,又被证人刘成禹在法庭上转述了一遍,听得检察长心惊胆战,连连摇头,旁听席上的官员要人记者们兴奋欲狂,大喊:"说下去,不犯法!……"

因父之名

一切的起因仍然是一个女人。

露兰春露老板,原本是上海滩过埠的角儿,一来二去竟变了长班。倒不是她的玩意儿有多好——能好过梅老板?有人看上她了,量珠求欢,还特为给她盖了一座戏院,叫"共舞台"。

那一日,"共舞台"的压轴戏,还是露老板的《落马湖》。捧场的人不少,可有规矩:只许叫好,不许嘘。偏巧有位公子哥儿,新来的吧,可劲儿地叫倒彩。露兰春在台上都觉得诧异:怎么会有这么大胆的人?

立即围上十几个人,一顿暴打,连公子带随从,如同开了个西洋水彩颜料铺,差点儿走不出"共舞台"。

戏院门口卖瓜子汽水的看着他们连滚带爬钻进汽车,一个个撇嘴:"小赤佬,不知天高地厚,也不打听打听这里的老板是谁?"

老板姓黄,大名上海滩无人不晓。他的名片比商务印书馆的洋装书还大,上面只有三个大字:黄金荣。大江南北,这张片子一亮,好使。

被打的叫卢筱嘉,知名度很低,不过他爸爸是浙江督军卢永祥,这下黄金荣有了麻烦。

那位说了:黄金荣在上海,浙江督军管得着?您是不知道,卢永祥以前就在上海当淞沪护军使,他的后任何丰林,也是他一手提拔起来的。

黄家花园慈善活动

卢永祥

解放后，黄金荣沦为扫街的

没几天，江湖上风云突变，火车站，黄浦江码头，多了好些黑衣黑裤的人，腰里鼓鼓地揣着家伙，严密监视着每一个出入的旅人。

媒体们觉得奇怪，开始找熟人打听。喔哟哟！这还了得？黄金荣在家里被何丰林的人绑走了！据一个知道内情的人说，黄的徒弟们去找过杜月笙杜老板，杜说，必须多派人手，严防何丰林将黄老板运到浙江去。这个杜可以帮忙,但是,向淞沪护军使去要人,杜老板说,他没有这个资格。

上海滩遇上绑架案,亲属要赎,一般是去请"老头子"出来讲话。可是,黄金荣自己就是老头子,他被绑了怎么办?只好去请"比他老的老头子"。那几乎只有一位:虞洽卿。

虞大老板几十年的老脸,何丰林不能不给,不过他可以推,话里话外意思很明显,要放黄金荣,必须卢永祥点头。

虞洽卿亲自去了杭州。记者们在俱乐部里喝咖啡时猜测:赎金到底带了多少?卢永祥不是土匪,不可能开价,送多少全靠虞老板的判断。送少了,黄金荣就出不来了。两个记者还为此打了一百元的赌。

到底是虞老板,人从杭州火车站登车时,卢永祥的电话已经到了上海。等他回到上海,黄金荣已经坐在自己家里,正喝参汤补气。

这件事比大总统黎元洪下台还要轰动,被评为1921年十大娱乐新闻之首。卢公子也跟着出了大名,谁不知道有个让黄金荣栽了跟斗的卢公子?

两年后,卢筱嘉奉父亲之命,到沈阳联系奉军。谈判不太顺利,有奉军军官出主意:谈不谈得成没关系,卢筱嘉是块肥肉,我们干脆绑他一票,不愁他老子不把从黄金荣那儿吃来的黑钱吐出来!

张大帅还没点头,风声已经泄露。卢公子吓得爬起来就跑,连夜逃进关内。谈判宣告破裂,第二次直奉大战即将打响,距他爹卢永祥下台的日子不远了。

末代皇帝

前清的废帝溥仪,退位已经快十个年头了。

这些年,他一直住在深宫之内,长于妇人之手,生活方式和历代皇储没什么区别。可是慢慢地,他也传染上不少亡国遗老的情绪,关心外面的时事,听见南北讲和,局势好转,就愁容满面,要是闹个风吹草动,出丑露乖,也不免有些幸灾乐祸。

他曾仿《陋室铭》作过《三希堂偶铭》,开头说:"屋不在大,有书则名。国不在霸,有人则能。此是小室,惟吾祖馨。"结尾则是:"直隶长辛店,西蜀成都亭。余笑曰:何太平之有?"讥刺民国的意味很明显。太傅陈宝琛早就给他献过一道策:"旁观者清。"语意双关。

可是民国六年张勋闹过一次复辟,那滋味并不好受,宣统的上谕,连京城报贩都知道"过几天就变文物"。他第一次觉得,世界不是像太妃和师傅们说的那样。皇城之外,该有另一个天地。

有人荐了个洋人师傅给他,叫庄士敦。一年教下来,师徒二人变化都不小。庄士敦戴上了头品顶戴,穿上了黄马褂。溥仪学会了骑自行车,起了个英文名叫亨利。

宫里还铺了地板,安了电话。亨利每日无聊,乱打电话玩,叫全聚德送鸭子来。有一天随便拨了个号码,接电话的人说他叫胡适。

亨利请他来宫里走走。胡适答应了,过了两天,小太监递进"北京大学教授胡适"的名片。

他走进养心殿,深深一鞠躬:"皇上。"

他举手为礼:"先生。"

胡适的到来引起社会上的轩然大波。许多人指责胡适作为新文化运动代表人物,不该去觐见废帝。胡适说,他并不是去见一位前朝皇帝,而是去见一个可怜的十六岁少年。

另外一些知识分子赞同胡适的态度。清华大学国学门导师陈寅恪表示,对待溥仪,应该用欧洲革命成功后对待王室的方法,让他流亡国外,顺便让深宫禁院长大的男孩亨利看看外面的世界。北京大学外文系教授周作人著文,不仅劝溥仪出国,而且劝他去研究希腊罗马的艺术,因为他衣食无忧,又不用担心未来的工作,正是研究这类"无用的学问"的上佳人选。

《时代》周刊上的溥仪(1934年)

其实溥仪真有些别的天赋。故宫博物院曾经收藏过一份溥仪的手稿,是他幼年接见蒙古使者的谈话记录(标点是我加的):

溥仪:你们几时来京城儿?

蒙古人:我们没有吃茶。

溥仪:不是吃茶,我说你们何时来北京城儿?

蒙古人:呕,呕,臣才明白皇上问的是什么时候来北京呵!是不是啊?

溥仪:为何不是呢?

蒙古人:大前天早5点来的。

溥仪:我听说蒙古的地不安静,可有什么?

蒙古人：皇上胡说！

侍卫（大喊）：蒙古人敢口出不逊！这是皇帝！不准你乱七八糟地胡说八道！

蒙古人：是，是。

溥仪：不要紧，他没有见过我，偶尔说一两个不对的话也无须责备。

蒙古人：皇帝说得很对。

侍卫（又大喝）：皇帝二字是你叫的么？

蒙古人：那你为什么说皇帝？

侍卫：呸！呸！我不同此等混蛋说话！出去！

这多么像老舍笔下的话剧，侍卫的仗势，蒙古人的憨。真要能去欧洲几年，难保不出息成一中国的康德，而不是满洲的康德皇帝。

快感与忧患

中国人最初发现有一种真的可以将人带上云霄的玩意儿叫"气球",大约是在19世纪六七十年代。大"海龟"王韬曾兴奋地告诉国人,西洋人造出的气球"上可凌空,下可入海"——由此我们知道王先生关于气球的见闻只是耳食之言。黄遵宪自诩"吟到中华以外天",大概也没见过气球的实物,他的《今别离》感叹火车轮船等新发明使情人的别离显得快捷而非缠绵,又自我宽解:去得快,回来得也快,"所愿君归时,快乘轻气球"。

据我所知,第一个真正坐上气球的中国人,是驻法使馆参赞黎庶昌。他于1879年在巴黎亲身体会乘坐"轻气球"凌空飞升的滋味。黎参赞忠于职守,在笔记里详细地记载了气球的形制及部件的大小、重量以及使用方法。这种理性的科学记录有可能促进了中国航天事业的发展,却完全忽略了乘坐时的主观感受,我们只知道黎参赞在气球升降时身体发热,风一吹又觉得头晕。当然,我们还必须表扬黎参赞的胆色,他乘坐的大气球是为1878年的巴黎国际博览会特制,已经放了一年有余。二十多天后,意犹未尽的黎参赞还想来一次夜空探游,却被告知气球的表面已经被牵引绳磨破,不能再用了。

这样一来,黎参赞将乘坐气球高空抒情的大风头拱手让给了另一位中国人。同样是在巴黎,此人坐上了专供游客的气球。当他来到巴黎时,一生的巅峰已经过去,他一手掀起的大波澜也早已平息。

晚清《点石斋画报》
中描画的飞船

他也许没有想到,他还会成为第一个吟咏航天经历的中国人。事实上,这次机缘也是碰巧得很,就在他登空几天后,气球失控坠地,数名游客骨折,该项娱乐从此取消。他的女儿随后赶到,本想成为乘气球升空的"支那女子第一人",这一梦想也随之破灭。

当气球冉冉升起,他还不忘嘲笑同行周某的惴惴不安。很快地,他被自空中俯瞰大地的感觉吸引,气球渐渐升到两千尺的高空,"俯瞰巴黎,红楼绿野如画,山岭如陵,车马如蚁",意想不到的视角让他几乎有了一种晕眩感。从小的诗书陶冶,让他很快想到了"游仙"的好题目,他后来说,当时的感受真是"不复思人世矣"。可是,真从尘世中挣脱了吗?毕竟是曾名动朝野的大手笔,微微一笑,便将凡人游仙的乐境反转。我本是遨游天壤的神人吧,我原住的地域是何等的乐土,"其俗大同无争斗,其世太平人圣贤",只因不忍地球众生受苦,终于发愿再入地狱,拯救斯民,"特来世间寻烦恼,不愿天上作神仙",难怪我回到天上,只觉得旧梦迷蒙,飘飘无尽……

痴没有发完,气球已经快降回地面。人民城郭,又历历可见。他从遐思中闪回,突然想到了一个现实问题:这气球如此精密神奇,他日用于交战,那可不是小事!听说,法国有人做了一种"飞鸢",可以载人,像鸟一样在空中飞。这东西据说我中华也有人做出过,那是两千年前的公输班,可谁也不知道是怎么造的了……

也许当时他并没有想到这些。然而到气势磅礴的长诗做完,关于气球交战的忧思已经完全压倒"羽化登仙"的愉悦。他想了想,提笔为这次经历下了一个断语:"自此而推之,要必为百年后一大关系事!"当时出的书没有标点,可是后来的标点者,都为他这句话加了一个感叹号。我读到这句话,也感到非加个叹号不可!

那是在1904年,《巴黎登气球歌》的作者康有为,一声忧患的长叹。

这并不是他一个人的想法。我们看看当时的"科幻小说",凡涉及气球和飞行的,几乎无一不是与征战与杀戮相关,而且大都应用于东西方的战争。仿佛是要和康有为的说法呼应,东西战争的年代都安排在1999年前后。黄种人的气球队打得欧洲各国丢盔弃甲,不得不屈膝求和(《新纪元》);中国人为反击欧洲的进攻,派出一种飞行之怪物,顷刻间便毁灭了纽约等数十个城市(《飞行之怪物》);中国皇帝派出征欧大军,以飞舰横扫欧洲七十二国,接着又征服月球与木星(《新野叟曝言》)……这样的文字恐怕要反过来看,毕竟,在近代饱受欺凌的并不是欧洲。

近代以来,中国人对于飞行的记忆和想象显得比较沉重。30年代初,胡适第一次坐上飞机,很高兴,做了一首名为《飞行小赞》的诗登在报纸上,无非是说飞行带给他怎样怎样的快感。有了快感你就喊,原也是人性使然。不料他的老友陶行知勃然大怒,也做一首诗登在报上,历数造一架飞机需要多少工人的努力,多少农民的血汗,飞机造好了是为国家服务的,可不是为了让你胡博士当作玩意儿嬉乐的!大义一出,莫敢不从,快感只好让位于忧患。在很多人眼中,重要的不是飞上天,而是谁飞上天,飞上天又象征着什么。

危机时代的幸运儿

19世纪末至20世纪初，是中国社会政治变动最大、局势最乱的时期，政商两界人物，能够历劫不倒、全身而退，而且还能保持声誉的，大约屈指可数。其难度，超过了五代时长乐老冯道。

张謇张季子当然是其中一位。他出身状元，是天下读书人的偶像，当过翰林，当过商部头等顾问官，入民国后，任过农工商总长，同时又成为"现代南通之父"——有传闻说，眉山将改名东坡，江油将改名李白，听上去都甚不靠谱，但如果把南通改名为"张謇市"，理由要充足得多。据地方史料记载，民国时南通人有一段时间打牌，"大王"不叫大王，直接叫"张謇"。

当我们回头看那些乱世幸运儿时，很难分清楚，他们的幸运，有多少成分来自先天禀赋、后天环境与个人努力，又有多少是盲打误撞的时势造英雄。

比如张謇小时候，读书并不出色，喜欢逃学，被塾师骂成"一千个人，取九百九十九个，那个不取的就是你"！居然后来中了状元，而后来中状元，又是因为当初读书读不好——听着乱是不？要不咋说是乱世人杰呢。

张謇不是书香门第出身，他父亲种过田，当过小贩，所以才有"冒籍案"，他家好比是革命年代的"黑五类"，子女不能被推荐上大学，不对，没那么严重，梅兰芳才是"黑五类"，倡优役奴，都有厉禁，不许参加科考。咱们熟知的梨园行，子女婚配，不喜欢找"外行"，恐怕有这方面的考虑。张謇家属于"麻五类"，介于红黑之间，当时叫"冷籍"，可以参加考试，但会颇受刁难。

不去说案子本身，只想点明，张謇和他的父亲张彭年，对于日后无法读书做官，是有心理准备的。张謇兄弟幼时，家里有什么耕作、建筑，他们都得参与，这是中国"技不压身"的传统智慧。所以张謇如孔子自称的那样"多能鄙事"，这一点，在乱世，很重要。

张謇十五岁中秀才，二十一岁时，有赏识他的官员邀请他"作幕"。这又是一重选择，好比本科毕业，是先工作还是先考研。考虑到张家的家底，以及张謇并不特别出色的读书成绩，最好当然是两条腿走路，读个在职研究生。张謇的确是这样做的，他游幕的头两年在江宁发审局，事务轻闲，同时就读于钟山书院。

又过了两年，张謇在南京文化圈，渐渐有了些名声，他收到了淮军大将吴长庆的邀请。一方面，这对于一名二十三岁的秀才来说，堪称殊荣，但另一方面，时局正乱，入幕军中，肯定影响读书。是继续充电，还是先行就职？张謇很犹豫。吴长庆爱才，把他的薪水从每月十两提高到二十两，又答应在自己府第后筑茅庐五间，供张謇公余读书。张謇这才答允下来，毕竟科举是"一命二运三人情"的事，游幕的前程要实在得多，做得好，还能军功保举。

这一步，后来证明，也走对了。大家也许听说过后来翁同龢、潘祖荫疯狂摸索张謇的卷子，先后四次误选他人的故事，还有翁同龢不惜与殿试首席阅卷大臣张之万翻脸，也要把张謇捧成状元的豪举？为什么这帮朝廷大佬那么看得起这个南通小贩之子？一来他是吴长庆幕府中的红人，提拔他可以联络吴长庆及其旧部，从而制约淮军领袖李鸿章；二来，张謇到过朝鲜，对国际时势、军务民情，都有基于第一手资料的发言权。其时朝廷文武对峙，最受欢迎的当然就是既有文韬、又怀武略的两栖人才。吴长庆去世后，李鸿章与清流出身的张之洞，都想延揽张謇入幕，其声望可想而知。

这时，张謇却选择了"南不拜张，北不投李"，回乡读书。他可能还是有一种读书正途出身的情结，总觉得当领导秘书的路子不够光鲜。而且，政治局势还不明朗，此时退步反而是向前，李、张幕府之门并不会因为他的拒绝而关闭，大可以学卧龙三顾，自高身价。即使入幕，以秀才身份，还是以进士身份，也大不相同。他在给朋友的信里说："吾辈如处女，岂可不择媒妁，草草字人？"不肯轻出的意思很明显。

张謇回乡第二年就考中了"南元"，这是张之洞的故径，而且他的房师正是翁同龢。接下来的会试、殿试，顺理成章就该连连高中，可是造化弄人，他考了十八年才考中举人，以为否极泰来，一帆风顺，不想考官们怎么也猜不中他的试卷，又拖了九年，才考上第六十名"贡士"。据说这一次他已经不想再考了（上京赶考是很折磨人的，尤其张謇又不是没有别的路子出头），父亲苦劝才勉强赴京，连考具（考篮、炉子、锅子、松香这些专业工具）都已扔掉了，现从朋友那儿借了一套。

张謇四十二岁考上贡士，翁同龢拼了老命要为他争个状元，大概也是补偿这个学生多年蹭蹬的意思。这个争来的状元太重要了，因为中国社会从来极端崇拜状元。之前张謇只是个"人才"，有了"状元"这个卖点，恰似如虎添翼，终其一生，张謇都被叫做"张状元"、"殿撰公"，无人不敬三分，卖字卖画都有极大的品牌附加值，直到现在，我们说起此人，还称为"状元实业家"，只有他当得起这五个字，张之洞位极人臣，大兴洋务，到底只是个探花，提都很少有人提。

点了翰林的张謇，不喜欢当京官。当京官的好处，是人脉广泛，升转较快，也不太忙，坏处则是上官太多，不得扬眉吐气，而且，等因奉此，做不得什么实事。当然，戊戌之后，帝党失势，张謇在朝中没了奥援，这京官就更没甚滋味了。因此他自从1894年丁忧回乡后，就一直请长假，不肯再回京当那个清贵无用的翰林院修撰。

张謇丁忧期间，张之洞奏派三位在籍文官于本乡设立商务局，酌办实业。三人中，陆润庠与张謇都是状元，一时间"状元办厂"哄传天下。

如今看来，"状元办厂"真是个很好的噱头，是经典的营销案例。洋务派要向朝廷证明中国人自办实业有望，找两个状元来办厂是最佳方式，他们有人望，有官场关系，但又不具备"现管"的身份，便于腾挪斡旋，在"官"、"商"之间充当中介。即使办厂失败，状元们从事的又不是本业，不至于存在太大的风险。

对于张謇本人而言，办厂是条新路，又要从四民之首的"士"转型为四民之末的"商"，犹豫在所难免。不过他对世道的认知很清楚，他在自订年谱里说：书生总是被社会轻视，因为只会说空话，发脾气，而且看不起社会上一般人。言下之意，状元办厂有为知识分子正名的功效。此外，知识分子主张的强国之途，首要是教育。但教育需要经费，这笔钱从政府那里、从商人那里，都是要不出来的。张謇说，只有自己参与商务，才能从中提留教育所需费用。他提出的口号是"父教育而母实业"，这样，就为自己的自儒入商找到了终极目标。

办厂果然大获成功。南通的优势，在于原料、人力、土地都比经济中心地区便宜，而劣势在于本地资本不足，无法规模化经营。张謇对家乡的出产、规划，都烂熟于心，一趟趟地跑南京（官）、上海（商），虽然也有过徘徊四马路的路灯之下、上海滩卖字凑路费的困窘经历，到底状元的牌头、人脉，终于让南通的纱业雄起于东南。

终其一生，由清朝入民国，张謇当过的最大官职，不过是一年半的农工商总长，但他的身影似乎无所不在：东南互保，他是策划者之

张謇故居

一;立宪运动,他是东南地区的主谋;袁世凯出山,是他专门去洹上催请的;清帝退位,是他起草的诏书;民国几届内阁,都将实业最高位虚席以待……风云激荡,乱哄哄你方唱罢我登场,张謇却始终屹立不倒。

不妨与同时代人比较一下:同是状元,清朝收梢,刘春霖便只能当个隐退的遗老,靠卖字打秋风为生,陆润庠也办过实业,到底抵不住官场诱惑,难乎为继;同是"官商",李鸿章冰山一倒,盛宣怀的个人事业也走到了尽头;同是总长级的"策士",内阁星散,章士钊、杨度也不免流落海上,在老头子杜月笙门下讨生活……说穿了,他们都没有"根据地",做的都是短线交易,张謇则不同,他守定了南通这个"模范县",从实业到建筑,从教育到市政,无一不是亲自擘划,长远打算。用时兴的话说,在那个变幻无定的时代,张謇算是找到了一片蓝海。

故事就说到这里。到底如何度过危机时代?张謇的生平,给我们两层启发。

对个人的启发是:为同时代诸人所不能为、不敢为,方能把握先机,同时,鸡蛋要放在两个以上的篮子里,以便规避风险。像状元这个品牌,如何转化为现实中的政治与商业资源,张謇作出了完美的示范。跨界并不可怕,关键是跨界能否起到整合资源的作用——用张謇的话说,就是"言商仍向儒";而经营一个稳固的根据地,偶尔出露峥嵘,成固欣然(如东南互保),败亦不伤根本(如出任农工商总长),才能给自己一个腾挪的空间。

对时代的启发是:伦理的稳定比政治的稳定更重要。张謇能屹立不倒,因为他背后的南通一直在稳定地发展,南通为什么能在乱世稳定地发展?因为有张謇的面子做保护伞,政坛变更动荡,不影响张謇的地位。但这种动荡不能发展成动乱,张謇晚年,孙传芳劫掠东南,南通局势便已有所不稳,如果1928年(张謇已去世两年)那样的大革命袭来,南通也保不住一方净土。张謇不是保皇党,但是他反对推翻清朝;他不喜欢袁世凯,但他力挺袁世凯出来收拾辛亥残局,一切都是着眼于稳定。顾炎武曾说兴亡的亡,有"亡国"与"亡天下"之分,区别便在民众心性是否沦丧,据此再来理解张謇说的"父教育而母实业",自有别样的滋味。

辑二

学林世家

北大1919

一、退　学

　　北京大学的春假，是4月1日到7日，于是收拾行囊预备春游者有之，向图书馆借来大量典籍打算好好用功者有之，住家近的，不妨回家探亲，甚或利用数日假期，返乡完婚的，也很有几个。

　　但有一位离开沙滩红楼的同学，不会再回来了。春假前最后一期《北京大学日刊》上刊出"本校布告"称："学生张厚载屡次通信于京沪各报，传播无根据之谣言，损坏本校名誉，依大学规程第六章第四十六条第一项，令其退学。此布。"

　　张厚载是江苏青浦人，北京大学法科政治系四年级学生，还有三个月就该毕业了。此时被开除，虽不能说前途尽毁，打击之大也可想而知。校长蔡元培与北大评议会一向以爱护学生著称，为何会有此决绝之举？

　　张厚载算得北大校内的风头人物，他为北京《公言报》主持"剧界评论"栏目，又是上海《神州日报》的通信记者。这两份报纸，学生中流传得不广，大家比较注目的，是张厚载与《新青年》编辑部同人的"旧戏大辩论"。主张保存旧戏的张厚载是一方，另一方当然是"废除派"，包括胡适、陈独秀、钱玄同、周作人、刘半农、傅斯年。除了同学傅斯年，全都是张厚载的师长。而张厚载身为北大学生，却甘愿扮演"遗少"的角色,让新派老师们很有些恼火,尤其是钱玄同,先说《新青年》是办给"纯洁的青年"看的,张厚载之辈不赞成无所谓,又骂张保存旧戏的主张,"与一班非做奴才不可的遗老要保存辫发,不拿女人当人的贱丈夫要保存小脚同是一种心理"。

不过张厚载的被开除,自然不是因为主张保存旧戏,他的罪名有二:一、帮他中学时的老师林琴南寄《荆生》、《妖梦》给《新申报》发表;二、在《神州日报》上散布陈独秀辞职等谣言。这两件事,重点都在于"损坏北大名誉"。

这两件事,在张厚载看来大概是这样的:介绍林老师的两篇小说发表,一来是师生之谊,二来是他觉得两篇小说是旧派文人"恶搞"新派学者的"游戏笔墨",算不得甚么——林琴南刚在报章上辟谣,称《荆生》、《妖梦》"与大学讲师无涉",张厚载却老老实实地致信蔡元培坦白:"近更有《妖梦》一篇,攻击陈胡两先生,并有牵涉先生之处。"他觉得蔡校长为人大度,"当亦不甚介意也"。

再看张厚载传播的"谣言"是什么:"兹闻文科学长陈独秀已决计自行辞职,并闻已往天津,态度亦颇消极。大约文科学长一席在势必将易人,而陈独秀之即将辞职,已无疑义,不过时间迟早之问题。"此文刊出,他马上收到胡适的质问信:这种"全无根据的谣言",你从何处得来?张厚载的回信轻描淡写:《神州》通信所说的话,是同学方面一般的传说,同班的陈达才君他也告诉我这话,而且法政专门学校里头也有许多人这么说。我们无聊的通信,自然又要借口于'有闻必录',把他写到报上去了。"他还引《申报》的新闻,证明并不只有他在传播类似"谣言"。

张厚载根本没有认识到问题的严重性。蔡元培的回信就很严厉:"兄为本校学生,宜爱护母校。林君作此等小说,意在毁坏本校名誉,兄徇林君之意而发布之,于兄爱护母校之心,安乎?否乎?"对于"传播谣言",新文化阵营的斥责更是上纲上线,还联系到此前的旧戏辩论:"张厚载因为旧戏问题,和《新青年》反对,这事尽可以从容辩论,不必藉传播谣言来中伤异己。若说是无心传播,试问身为大学学生,对于本校的新闻,还要闭着眼睛说梦话,做那'无聊的通信'……岂不失了新闻记者的资格吗? 若说是有心传播,更要发生人格问题了!"(陈独秀《关于北京大学的谣言》,《每周评论》)

单从表面上,确实难以理解蔡元培、胡适、陈独秀等人对张厚载的愤怒。但背后确实有着复杂的背景。简单地说,教育部长傅增湘已经向北大发出了"整改"的最后通牒,外间谣言四起,说陈独秀胡适等人不但会被开除,还将被捕。弄得不好,蔡元培去职、北大停办,也不是不可能的事。

但要说将这样的险恶局势归结于林琴南的两篇小说、张厚载的几封通信,而且说他们俩存心要置北大与新文化于死地,却没有任何实据。然而其他的反对力量都在暗箱操作,只有林、张师徒公开攻击新文化,新文化阵营也能将他们作为打击目标。

而在蔡元培代表的校方看来,"保存北大"是第一位的,为此蔡元培甚至不惜"去陈"——撤去陈独秀的文科学长,间接逼他辞职。胡适对这一举措深表不满,却无法阻止。为了大局,陈独秀尚且被牺牲,何况区区张厚载?

所以蔡元培3月21日致张厚载的公开信中还只是警诫"往者不可追,望此后注意",十天后都直接公布"令其退学"。相信这种后果于张厚载,不啻

张厚载著作

晴天霹雳，他想了很多办法，希望撤销这个决定："心有未甘，去找蔡校长，校长推之评议会；去找评议会负责人胡适，即又推之校长。本班全体同学替他请愿，不齿；甚至于教育总长傅沅叔替写信，也不行……特请他所担任通讯的《新申报》出为辩白，列举所作通讯篇幅，证明没有一个字足以构成'破坏校誉'之罪"，但结果仍然不能免除处分。

唯一的补偿，是蔡校长给了张厚载一张转学证明，让他转学天津北洋大学，仍然可以在当年毕业。可是张厚载心灰意冷之余，从此辍学。

而反讽的是，陈独秀3月底去职，已经坐实了张厚载传播的"谣言"。但那又如何？难道因此撤销对张厚载的处分？只能怪他不识大体，无意中帮了"反动势力"的忙，而且还连累了他衷心喜欢的"旧戏"——《每周评论》坚持说：张厚载"倚靠权势"、"暗地造谣"，全是因为《新青年》骂了旧戏的缘故。多么可怕的旧戏！

二、谁能上北大

那些没能在民国七年考上北京大学的同学们，很遗憾，你们赶不上5月4日的大游行了，不过，你还有机会成为"后五四"的第一批北大学生。

对不起，女同学就不要浪费时间了，历史书上写得清楚，北大民国九年2月才开始招收头一批女旁听生，请再耐心等候一两年吧。

是的，本校设有哲学、中国文学、中国史学、英文学、法文学、德文学、数学、物理学、化学、地质学、法律学、政治学、经济学十三门（从前还有农、工、商三大类，蔡元培校长将它都分出去啦，只剩文、理、法三大科）。不过，教育资源有限，并非所有门类今年都招收学生。

1919年4月24日公布的《北京大学报考简章》表明,北大这年只招收"预科一年级及本科法文学、德文学一年级生"。预科两年,本科四年,跟如今的"本科+研究生"时间差不多,预科制度,执行的是所谓"通才教育",学生可以在预科学习期间再选定本科专业,也可以预科结束便离校谋职。

如果你要报考预科,必须要有中学毕业文凭,但是,如果你认考的外语是法文、德文或俄文,而非最多人学的英文,那么你有"中学同等学力"也可以——显然,这是为了鼓励人才的多样化,这种对"外语非英文人才"的倾斜,从晚清就开始了。

北大国学门

考试地点分京、沪两处,考试时间是7月15日至25日。预科考试比较简单,只考两场。第一场考国文、外国语与数学。国文考的是"解释文义、作文及句读"。"句读"是用中国传统的点(相当于逗号)、圈(相当于句号)两种标点将一段"白文"点断,考察你对古文的阅读能力。

外国语无非是文法、翻译,英法德俄任择其一。数学考算术、代数与平面几何。

《报考简章》特别提示:第一场考不及格,即不录取,不必再考第二场。如果及格,第二场考的是中外历史、中外地理、理化、博物。

上述考试内容,都是当年的"通识",我们现在的高考,基本上考的还是这些内容。

本科招考,相当于现在的研究生考试,所以不仅列出科目,还会提示"必读书"。这个比较复杂,要考足六场之多。

首先还是国文,"应试程度须略通中国学术及文章之流变,可参考《文史通义》、《国故论衡》及本校预科所用之课本"。——参考书用"二章"(章学诚、章太炎),折射出北大校内章门弟子盛极一时的景况。

第二当然是本专业的法文德文,有三项要求:一、曾读过数种文学书,能列举其内容,评其得失;二、曾读过一种修词学;三、能作文,无文法上之谬误。——注意当时的专业名称是"法文"、"德文",不是如今通行的"法语"、"德语",因此首重对"文学书"的阅读、理解。闻一多在西南联大时期,曾主张将中文系、外文系分拆重组为文学系、语言系,认为文学、语言的教学、研究方式大异其趣,应当分立各举,而不应以中、外区隔。

数学,比预科考试增加了"平面三角";历史,包括中国通史与西洋通史;地理,只要求"本国人文地理"。还有便是"论理学",即逻辑学,列出的参考书是陈文《名学教科书》或张子和《新论理学》——逻辑学是一切科学的基础,这是当时的普遍观念,但是后世渐渐忘却了这一点。

上面说的是考不考得上北大,假设考得上,上不上得起呢?

与现在不同的是,《招考简章》已经告诉了考生需用的学费:本科每年三十元,预科每年二十五元,在三个学期开学前缴纳,另外还有体育会费一元,试验费二元。

用购买力换算一下,当时北京的国产白面一石是六元七,进口西贡米则一石卖十元,一市石是一百五十六斤,也就是说,现洋一元可以买二十三斤多白面,或十五斤六两越南大米。上北大一年多少钱,您自个儿算。

就在这份《民国八年招考简章》公布的前两天,北京大学评议会通过了蔡元培提议的《附设中学简章》。简章劈头便明确指出:本中学专为愿入北京大学之学生而设。

只要你有一张高等小学文凭,愿意上北大,又暂时无法通过预科考试,你可以来这所附中学习。年假与暑假各招生一次,一个班的人数无限制,多者二三十人,少者一二人。教员由北京大学教员及毕业生充任。"学生每年缴费银一百五十圆,凡学费及膳宿制服均在内","毕业试验,由大学教授会严格试验,及格者可径入预科"。

为何北大要办这么一个附中?当然不是想办补习班赚钱。当时的教育界普遍认识到,中小学教育是高等教育的基础,然而清末以来的中国教育改革,自上而下,总是优先发展高等教育、精英教育。蔡元培提议办附中的出发点,是想利用北大的教学资源,改变国内中学良莠不齐、基础不牢的状况。这也是傅斯年、罗家伦他们办《新潮》的目标:"《新青年》的读者偏看在大青年、高级知识分子;《新潮》的对象,主要是小青年、中学生。"

4月19日的《北京大学日刊》上,发表了一篇译自上海大陆报的《入大学校之心理试验》,介绍美国哥伦比亚大学的新尝试。哥大的新考法,只测学生的智商、阅读能力、理解能力、记忆能力等。比如给出四对抽象名词如"懒"、"怠"、"名望"、"声闻",让学生分类配对,能答三对者及格;又如考官口诵三个六位数,让考生倒读,读对一个者就及格;教员诵读两条有二十八个音的句子,考生能背出其中一句者合格……总之,与学习能力有关,与知识的记忆背诵无涉。

编者明显很欣赏这种入学考试方式,不过,文前的说明也强调,哥大之所以能"旧制之考察学业不复举行",背后正是完备的中小学基础教育体制,"一察其学校证书,便可了然",大学的入学考试,只负责判断其人有无能力深造。回到中国的语境来,大伙儿可没有这么乐观的教育前景。

三、警　报

北京大学的 5 月本来将这样度过：

原本订于 4 月 27 日举行的分科毕业同学会，因为筹备不及，改于 5 月 4 日下午在香厂桃李园公宴，商量会中事宜，AA 制，每人收现洋一元；

5 月 7 日，北大学生将举行"日本发出《二十一条》最后通牒"四周年国耻纪念日游行。这项活动主要由学生救国会发起；

成立一月有余的北京大学平民教育讲演团与京师学务局达成协议，自 5 月起，每逢星期日都在京师学务局下辖四所讲演所讲演，每所四名讲演员；

5 月 21 日，北京大学将举行民国八年毕业考试，所有考试分数

法国杂志上的巴黎和会

将在 6 月 15 日前公布；

《新潮》、《国民》都在 5 月 1 日推出一卷五号，《国故》则将于 5 月 20 日推出第三期，据说会有一篇批评新潮社骨干毛子水的论文；

文本科教授胡适自 4 月 28 日起请假一星期，南下上海欢迎美国教育学者杜威博士来北大演讲……

一切都被一封电报改变了。

发电报的人，正是前清立宪党魁、"再造共和"元勋，最近又被谣传为"亲日卖国"的梁启超。他去年底以私人资格赴欧洲考察，碰上巴黎和会，便自觉充当了国内舆论界的耳目。

早在 4 月 24 日，许多国人还沉浸在巴黎和会或会在"第一个好人"（陈独秀语）美国总统威尔逊的牵头下，将德占青岛归还中国的幻想之中，梁启超已经向国内发来了噩耗：

"对德国事闻将以青岛直接交还，因日使力争结果，英法为所动。吾若认此，不啻加绳自缚。请警告政府及国民，严责各全权，万勿署名，以示决心。"——这一天，中国代表团向美、英、法三国会议提交"让步说帖"，希望将胶州湾交给五强，将来再交还中国，日本占领的土地也限一年后交还，中国赔偿日本军费，并开放青岛任由外人居留。

但是这封电报没有立即公开发表。这是因为政府的外交委员会主张不签约，而国务院还在签与不签之间摇摆犹豫。5 月 1 日，巴黎和会中国代表团团长陆徵祥来电，倾向于签约，外交委员会紧急会议决定不签约，并急电巴黎。但是，政府局势非常微妙，外交委员会的民间代表组织"国民外交协会"决定动用民间舆论力量，负责人林长民赶写了一条新闻，并梁启超的电报一起交给《晨报》发布，新闻题目是《山东亡矣》，结尾号召说："国亡无日，愿合四万万民众誓死图之！"

这条署名新闻后来遭到了日本公使的严重抗议，认为是这条新闻引发了学潮。而交通总长曹汝霖，直到晚年撰写回忆录，仍认定是林长民出于个人政治目的，煽动学生发起了"五四运动"。

林长民起的作用确实不小。5月2日，最坏的情况出现了，国务院密电代表团，同意签约。国务院电报处有一位林长民的福建同乡，当晚秘密报告了林。

怎么办？林长民立即密电梁启超，请他通知巴黎中国留学生集会反对签约，又用国民外交协会的名义通电反对。国民外交协会还拍了份英文电给上海复旦公学校长李登辉，请上海响应反对。这已是5月3日上午的事。

还有什么办法没有？

外交委员会委员叶景莘提议：北大学生本来就要在7日游行，何不报告蔡先生？于是外交委员会委员长汪大燮赶忙驱车到东堂子胡同蔡宅报告。

蔡元培有心理准备，他在5月2日已经在北京大学饭厅召集学生班长与代表一百余人开会，指出目前是国家存亡的关键时刻，号召大家奋起救国。如今闻听警讯，相信蔡校长那颗清末曾为救国澎湃的心又一次剧烈跳动起来。

他立即将这个消息告诉了自己的学生。被告知者包括《国民》杂志社的许德珩、段锡朋，《新潮》杂志社的傅斯年、罗家伦——这两个杂志社的成员，后来成为五四运动北大队伍的主力成员与指挥者。

各学生当即返校，在一连串的会议后，一封通知散向北京大学每一个角落：3日晚9时，在北大三院礼堂召开全体学生大会，并且通知北京各高校代表与会。

从这一刻开始，五四学潮已如箭在弦上，无可避免。

在此次大会上，群众的激情到达了顶点，台上的代表慷慨激昂，台下的听众热血沸腾，还真有一位北大法科学生谢绍敏当场咬破中指，写下"还我青岛"的血书。

大会很快通过一致决议：5月7日的国耻游行提前到明天，各校齐集天安门游行示威。然而，如何表达学生愤激的情绪，与反对巴黎和约的意愿？讨论中，大致以《国民》《新潮》为首，分成了两派。

国民社的主要成员都来自学生救国会，他们在1918年5月21日就曾组织过总统府请愿，那次活动也导致了蔡元培第一次辞职，当时傅斯年等人便不赞成这种形式，他们认为过激的行为会影响抗议的合法性。今天，这个矛盾又摆到了台面上。

有人提到四月中旬驻日公使章宗祥请假回国，数百中国留学生在车站上包围他全家，将写着"卖国贼"、"祸首"的白旗扔向车厢，把章宗祥的一位夫人都吓哭了。"他们可以那么干，我们为什么不可以对曹、章、陆三个卖国贼来一下？"对，来一下，把抗议的白旗送到他们家里去！

新潮社不太赞成这么做，他们觉得要解决问题还得说服美、英、法这几个大国，尤其是美国，明日游行的主要目的，是向美国公使馆递交"说帖"，并将国家危亡的消息传达给北京市民。

估计蔡元培等师长更倾向于相对和平的新潮社，因为据说傅斯年被任命为明天游行的总指挥，他的主张便是"有纪律的抗议"。

会议还通过了两项决议：通电巴黎专使，不准签字；通电各省，于7日一律举行示威游行。

人们在深夜散去。从他们激动的面庞上看，这将是一个无眠之夜。明天就要游行了，还要准备标语、旗帜，还要通知各校同学，要呈交美国公使的说帖还没有拟就，要向北京市民散发的宣言还没有动笔，还要印刷、分发⋯⋯但这一切的忙碌、繁杂、混乱，在国亡无日的警报刺激下，又算得了什么呢？

四、谁放了那把火？

陈其樵，1919 年一名普通的北京高等师范学校学生。五四运动爆发七十年后，他当年的日记得以发表。

5 月 4 日的日记，头一句是："前日着棉，今日着单，北京气候之不定如此！"在关于"五四"的宏大叙事里，天气算什么呢？可是在北京住的人，都能体会那种冬天突然就跳到了夏天的感受吧？正如陈平原指出的："衣着与天气配合，却关乎游行者的心境。"5 月 4 日那天，据王统照回忆，"一清早虽还有点微凉之感，午间却已烦热"，许多学生上午就往天安门进发，"穿长袍的占大多数，也有穿短黑制服的"。

陈同学大概并不是非常激进的学生，而且他因为刚种了牛痘，有些发烧，所以虽然知道国民大会一点钟开始，午饭后还是先睡了两个小时，才赶往天安门广场，这时大概已经快到两点半了，因为连被教育部代表劝阻多时的北京大学学生也已到达，广场上已经聚集了三千余人。天安门前放着方桌，有人轮流上台演讲，但晚到的陈其樵想必也与大多数人一样，"站在一层层的人群中间，又没有扩音器"，听不太清演讲者的语音，但大意是了解的，跟着大家呼口号就行了。

陈其樵本来打算听完演说便回校休息，但演说已完，大家并未散去，隐约听见要去游街，他"自度体力尚可步行十里，乃向尤君索一白布旗，上书'还我青岛'，同大队前进"。

从天安门往南，出后来拆除掉的中华门，往东交民巷进发，到美国使馆前，队伍停下来，罗家伦等四名学生代表去递交"说帖"，却没能见到美国公使芮恩施——5 月 4 日是星期天，公使先生休假去了。使馆留守人员只答应收下并转呈说帖。学生代表转而要求游行通过东交民巷，使馆区巡捕以辛丑条约禁止中国人进入使馆区为借口，阻止学生入内游行。学生强烈要求，该巡捕声明要和美国总统府"电话磋商"。结果电话往返达两小时之久，毫无结果。

游行队伍怀着满腔愤懑（"自己的国土，不准我们的队伍通过？使馆界！什么使馆界？是我们的耻辱！"），又不能掉头，只好往长安街上进发，这时，"大队中间与后面的学生还不明白第二步的目的地所在，纷纷传问"，大队前面传达过来，说要去"赵家楼"，大多数学生都很迷糊："赵家楼在哪里？""谁住在赵家楼？"

这像是一个临时的动议，虽然也有人知道"今天早晚总会找到曹汝霖的住处与他清算"，但手里只有罗家伦拟的《北京全体学界通告》，白旗上也只写了"收回山东权利"、"还我青岛"、"拒绝在巴黎和会上签字"等字，于是一边行进，一边在白纸上写好："卖国贼曹汝霖"、"卖国贼章宗祥"，沿途向市民散发。

北京的马路那时还没有现在这么宽，队伍向着东单牌楼缓慢地移动。诸多回忆中，王统照的感受是最真切的："那天，我预料到午后的天会热，外面只穿了一件爱国布的单长袍，可还觉得格外沉重，一顶呢子礼帽不时摘下来当扇子遮着阳光，扇扇尘土。北京的街道在那时本来就是灰沙很多，正是春末夏初，阵风一起，加上这几千人的步行蹴踏，自然有一片滚滚的尘雾，直向鼻孔口腔中钻来。在焦热的空气中，大家的激情奋发，加上一路不停的高喊，口干舌燥，有些人的声音已经嘶哑，便把手中的小白旗与帽子、手绢一齐挥动起来。"

天气与心情配合，从这个时候开始，这就不再是傅斯年、罗家伦期望中的"有纪律的抗议"了。九十年来，层层密密的回忆、叙述、议论，将这一天包裹得面目全非。5月4日，在各方势力的争夺、遮蔽与形塑之中，变形成各式各样的"故事"与"演义"。

比如说，谁先提议去赵家楼？谁翻的窗？谁垫的脚？谁开的门？谁发现了煤油？谁点了火？……尤其是"点火"这个关键环节，等不

到后来,当时便已谣言四起。出版于当年9月的《五四》一书列出了起火原因的四种说法:

> (一)谓群众觅曹氏不得,故毁其宅以泄忿;(二)谓曹氏眷属纵火,冀惊散众人以免曹氏于难者;(三)谓群众毁曹家具,误损电灯,流电起火者;(四)谓曹宅仆人乘乱窃物,放火灭迹者。以上四说皆有理由,究竟如何起火,至今尚无人能证明之者。

四种说法,为何莫衷一是?不在于听者"能够"相信什么,而在于不同的听者"愿意"相信什么。

学生放火一说,当然泄愤解气,但在1919年5月,如果认同这种说法,岂非坐实了学生的刑事罪名?

官厅与营救学生者,自然倾向于相信"误损电灯,流电起火"之说,这样一来,谁也没有责任,学生可以释放,曹家也可免于追究。何况英文《字林西报周刊》采用此说,对国际舆论也比较好交代。

曹家仆人窃物之说,更像是民间社会的揣度传闻,或许也非空穴

《新申报》报道"五四"号外

来风，但在后世的叙述者看来，将爱国运动的大义与曹家的主仆家务纠葛在一起，未免太过鄙俗，此说遂渐渐湮没。

曹家放火一说，估计是当天的情境使然。你想大家正在摔柜打凳、悲欣交集之际，人多手杂，突然火光大起，难保不怀疑是"卖国贼的阴谋"，1919年8月出版的《青岛潮》便是如此叙述："未几，火起，众大愤，始知曹将烧死学子，以为泄忿计。"四十年后，当事人杨晦还是一口咬定曹家放的火："这些无耻政客，国都可以卖，还有什么事做不出来？一放火，造成学生的刑事犯罪，岂不就可以逮捕法办了吗？"虽然此说没有什么证据，但却是愤懑难当的学生们更"愿意"相信的传言。

曹汝霖的住宅并非深宅大院，三千学生能进去的不过是一小部分。陈其樵就没能进去，只听见前头乱纷纷，一会儿说"进不去"，一会儿说"进去了"，又说"打东西呢"，又说"逮着人了"。陈其樵挤不进去，与同学一起绕到曹宅后门，看见"巡警数十人持枪守住"，此时，"忽见宅内火起。巡警大呼：'火起，请学生速整队归去！'"于是他们就随着大流，穿过东安市场，散归学校。回到公寓，看见好几位同学早已回来，正吃饭呢。陈其樵还未退烧，晚饭只吃一个鸡子儿。

晚饭后，有同学去北京大学打听情况。其他人聚在公寓，直等听到了"北大被捕二十三人、高师被捕八人，蔡元培答允明日全力营救"的消息，才上床就寝。这时已是5日凌晨1点了。

睡前，陈其樵按习惯地记日记，在末尾他写道：

> 今日学生之举动，非原意之所及。一时激起众怒，始破扉而入，打伤贼头。若有计画如此下手，前后同时把住，曹、章两贼恐难逃活命！章贼受伤甚重，性命不甚可保；曹贼虽未被打，想

已胆破心惊矣！痛快！痛快！愿其余卖国贼看样！愿天下人从兹警醒！

从陈其樵的感言中，可以感受到北京高师的气氛是比较激进的。只是陈其樵大概也没想到：他的高师同学匡互生等人，早就有了下手的"计画"，而且，放火的念头，也不是到了曹宅才临时涌现的。

5月3日晚，北大法科大礼堂各校大会的同时，匡互生等人在北京高师西花厅密谋，决定次日游行后，给卖国贼一点教训。为此他们去了廊房头条照相馆，去认清楚了曹汝霖、章宗祥等人的长相。他们从高师附小曹汝霖儿子那里，探听到了曹宅的地址。他们甚至出门时便已带上了"火柴与小瓶火油"。这一点，罗家伦直到在曹宅现场，看见高师的两名学生"自身上掏出许多自来火来"，才如梦方醒：放火的，原来是他们！

五、辞　职

5月10日，北京大学的师生拿到新印好的《北京大学日刊》，赫然入目的是首页下方的一则"蔡元培启事"。此文后世摘引时有各种标点，但原貌是这样的：

我倦矣（杀君马者道旁儿）（民亦劳止汽可小休）我欲小休矣北京大学校长之职已正式辞去其他向有关系之各学校各集会自五月九日起一切脱离关系特此声明惟知我者谅之

"汽"是错字，12日再刊出时才改回"汔"字。这份启事的写法，很有些六朝小品的风致，然而内容很严重：蔡校长辞职了。紧接着传

蔡元培在北大

来的消息是：蔡校长已经离京南下。

蔡先生引的两句典，后句出《诗经》，容易懂。前句很多人不晓得出处，于是中文系教授程演生出来解释：语出《风俗通》，原文是"长吏马肥，观者快之，乘者喜其言，驰驱不已，至于死"，蔡先生用此语，是说自己所处的地位，如果不审慎从事，一味依照"他人之观快"，恐怕身陷其害。

不管蔡元培自己日后如何解释此语"但取积劳致死一义，别无他意"，他当日依违两难的处境在这句话里暴露无遗。是他，亲自将巴黎和会中国签约的消息告诉学生；是他，默许了5月4日的聚会与游行；是他，尽全力营救了各校被捕的学生……然而，他是教育部委任的大学校长，对于这份职务，他算是尽职尽责了吗？

让我们将镜头回摇到5月3日晚上，蔡元培得知学生决计次日游行请愿,吩咐学生会干事狄福鼎转告同学,"途中须严守秩序"。

5月4日下午,北大学生走出红楼之时,说法有二:一则云蔡元培曾出面劝阻,无效;一则云劝阻的只是教育部代表(蔡元培自己的回忆取后者)。之后呢?有回忆录称:学生游行之时,教育总长傅增湘致电北大,传达政府讨论结果,要求蔡元培召回学生,不准游行及干涉政治,并请蔡到部商讨善后。蔡元培回答:"学生爱国运动,我不忍制止",即将电话挂上,亦不赴教部。这一天,蔡元培一天没有离校,也一天没有进食。

5月4日晚,北大开会,群众情绪高涨,"有的说打国务院,又有的说打警察总监,救出被捕的同学",这时蔡元培走上了讲台,说:"现在不是你们学生的问题,是学校的问题,不只是学校的问题,是国家的问题。被捕同学,我去保出来,你们可以散会。"蔡元培对学生只有一个要求:从明天起照常上课。但学生不听他的,次日决议全体罢课。

据上海《民国日报》报道,5月5日下午两点,北京十四所高校校长在北大开会,蔡元培的态度得到众位校长一致认同:五四是一场"市民运动","不可让被拘的少数学生负责,若指此次运动为学校运动,亦当由各校校长负责"。蔡元培甚至说出了"愿以一人抵罪"的话。

5月6日上午,校长们继续开会。下午,众校长赴教育部,要求总长傅增湘与国务总理钱能训商洽。晚间,蔡元培再率校长团到警察厅,与警察总监吴炳湘谈判放人。吴炳湘提出两个条件:(一)明日不准学生参加国民大会;(二)各校学生明日起一律上课。"蔡先生等当即承诺这些要求"。蔡元培转头去劝说学生,罗家伦、方豪等学生领袖都说:昨天才决议罢课,明天就要复课,这怎么办得到?但蔡元培最终说服了他们。

5月7日上午,被捕学生获释。10点,载着二十三名被捕北大学生的汽车回到红楼,蔡元培率领全体师生列队欢迎。许多人哭泣不已,场面热烈。等众人情绪稍微平复,蔡元培召集师生到操场训话。他说:"诸君今日于精神上,身体上必然有些困乏,自然当略为休息,况且今日又是国耻纪念,何必就急急的上课!诸君或者疑我不谅人情,实则此次举动,我居间有无数的苦衷……并且还望诸君以后坚持冷静态度。"

感动于蔡校长的奔走之余,我们也必须看到他对于学生运动明显的保留态度。5月8日的辞职,并非仅仅为了"保全北大",那些"烧北大,杀校长"的谣言,蔡元培未必会相信。作为校长,他有义务保护学生,作为校长,他也有责任维持校纪,有谁能同时完成二者呢?蔡元培不同于其他校长,他的资历,他的威望,让他承负着两方面的期许,承负着一桩不可能的任务。

更何况,这个大学校长当下去,后患正无穷。据当时北大的教务长蒋梦麟回忆:蔡元培南下后,他和其他师生代表赶到杭州,苦劝蔡先生回校,蔡元培说,他从来无意鼓励学生闹学潮,但是学生们示威游行,"出乎爱国热情,实在无可厚非"。但是这次爱国运动却给身为校长的蔡元培留下了巨大的难题,"至于北京大学,他认为今后将不易维持纪律,因为学生们很可能为胜利而陶醉。他们既然尝到权力的滋味,以后他们的欲望恐怕难以满足了。"(蒋梦麟《北京大学与学生运动》)

一直到6月15日,蔡元培仍在坚持,不答应北大与京津沪各地师生的挽留交涉。他撰写了《不肯再作北大校长的宣言》,列出了他坚决不肯回任的三条理由。有意思的是,三条理由的次序,并不完全与一般的认知相符。

第三条理由是"学校在北京"。因为"北京是个臭虫窠。无论何等高尚的人物,一至北京,便都染了点臭虫的气味……难道还要我再去尝尝这气味么?"

第二条理由是"不自由"。他只是想"稍稍开点风气","于是教育部来干涉了,国务院来干涉了,甚而什么参议院也来干涉了,世界上有这种不自由的大学么?还要我去充这种大学的校长么"?

最重要的理由是"我绝对不能再作那政府任命的校长",因为:"天天有一大堆无聊的照例的公牍。……什么大学文、理科叫做本科的问题,选科制的问题,甚而小到……附设中学的问题,都要那拘文牵义的部员来斟酌。……我是个痛恶官僚的人,能甘心仰这些官僚的鼻息么?"

看来,即使没有五四运动,蔡校长也早不想当这个唯一国立大学的校长了。可是,你自己解释是没有用的,外间的谣言仍在流传。直到1949年,五四运动已经三十周年了,还有这么一篇《蔡老先生的梦》:

> 在二十多年前大家都知道蔡老先生办北大,目的是在做总统,而北大即是他总统梦的温床。其办法是在北大造出大批自由,民主的优秀分子,散布于各层社会,各个团体,作为基础干部。只静待中国什么时候实行宪政,选举总统,这些优秀干部在各地一活动,蔡老先生便可"大登殿",迈上民选总统的宝座。(尧公《北大与总统——红楼一角之二》)

此时,蔡校长墓木已拱。"身后是非谁管得,满村争说蔡中郎",剩在历史上的,原只有一个模糊的身影。

六、新潮与国故

北大学生在"五四"前创办的三大刊物,一般同学与社会的印象,是如冯友兰所说"三个大型刊物,代表左、中、右三派。左派的刊物叫《新潮》，中派的刊物叫《国民》，右派的刊物叫《国故》"，"这些刊物都是学生自己写稿、自己编辑、自己筹款印刷、自己发行，面向全国，影响全国"（《三松堂自序》）。

大家都觉得《新潮》是"小《新青年》"，《国故》是跟两份新派杂志对着干的。用《公言报》的话说，是"顾同时与之（《新青年》）对峙者，有旧文学一派……学生中固亦分旧新两派，而各主其师说者也"。

但《国故》杂志社打死也不承认这一点。他们投书报社，说"要

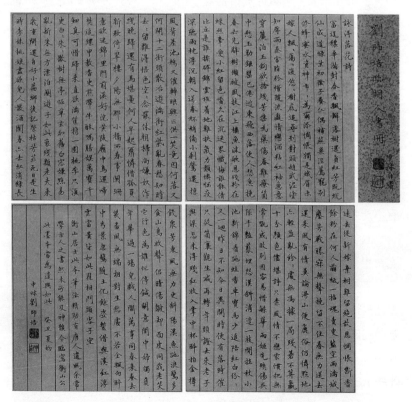

刘师培手迹

之同人组织《国故》,其宗旨在昌明国学,而以发挥新义、刮垢磨光为急务。并非抱残守缺,姝姝奉一先生之言;亦非故步自封,驳难新说",意思是对新旧没有成见,并非一定要站在新文化的对立面。

真相如何?我们先来看看这些"学生编辑"的位势:1918年下半年两份刊物创议之时,《国故》的主力薛祥绥、张煊都是中国文学门三年级,《新潮》的干将之中,傅斯年、毛子水是中国文学门二年级,罗家伦是英国文学门二年级,顾颉刚是哲学门二年级。

也就是说,两份杂志的主要成员集中于中国文学门(1919年改中文系),《国故》编辑群资格稍老一些。在"各种分子杂居一处"的学生宿舍,主张不同者难免发生当面的摩擦,如傅斯年、顾颉刚、狄膺同住北大西斋四号,前两人是办《新潮》的同志,狄膺则"一天到晚咿咿唔唔在做中国小品文字,以斗方名士自命",显然是旧派一路,于是傅、顾,加上罗家伦、毛子水,"群起而骂他,且当面骂他为'赤犬公'(因狄字为火及犬构成),他也无可如何"。(罗家伦《蔡元培时代的北京大学和五四运动》)

要是听听杨振声的回忆,就更可怕,简直到了势不两立的地步:"大家除了唇舌相讥,笔锋相对外,上班时冤家相见,分外眼明,大有不能两立之势。甚至有的怀里还揣着小刀子。"(《回忆五四》)

就算没那么严重,个人恩怨肯定是有的。比如,傅斯年入北大之初很受刘师培、黄侃等人的赏识,可是他为人倨傲,"同他打招呼,总是若理不理;同他谈话,说不到几句,便回过头去背起书来了",很让周围的同学吃不消。加上他从旧文学的拥护者急剧地转变为新文学的追随者,比别人都要激烈,不要说旧派师生不高兴,新派的先生都很惊奇,陈独秀去问教过傅斯年的周作人:"他们可不是派来做细作的么?"——呵呵,潜伏、卧底,自古有之。

《新潮》一卷一期,日后被称为"傅大炮"的傅斯年就向着《国故》

特别编辑之一马叙伦的《庄子札记》大发炮弹,认为该书是"抄录成案"的"无意识之作"。马叙伦后来有长篇答辩刊于《北京大学日刊》,除论学以外,还表示对傅斯年"别有一言相诤",劝他"稍含廉锷","若乃恣情纵笔,偶成差失,已足招弹。往复相申,唐费时力",不愉之情溢于言表。

互换广告也能见出些端倪。三大学生刊物中,《国故》与《国民》互相交换广告,《新潮》上刊登几乎所有北大出版杂志的广告,《国民》和《国故》也在其中,《国民》上也有《新潮》的广告。但《国故》月刊上却从未登载《新潮》的广告,这是否在表示一种杯葛之意?

有这些前科,当《国故》同人看到5月1日出版的《新潮》上,毛子水的《国故和科学的精神》一文时,难免会觉得刺眼。毛子水断定:"国故就是中国古代的学术思想和中国民族过去的历史","在今日世界学术上,占不了什么重要的位置"。他认为"国故"虽然也应当研究,因为国故有"特有的长处",也有"偶有的长处",可以了解学术史,也可以吸引古人"疏证"的治学方式,但研究者必须有"科学的精神",而且国故"比较起现在世人所应当研究的科学起来,直是'九牛一毛'。宇宙没有限际,真理日见幽远,几段过去的历史,算得了什么东西?"对国故研究评价之低,不能不伤害到《国故》同人的自尊。

于是出版于1919年5月20日的《国故》第三期上,出现了张煊的《驳〈新潮〉〈国故和科学的精神〉篇》。张煊首先要为"国故"争一个"今日世界学术上的位置",他认为"科学者,世界各国古代学术思想所演化之物也",意思是国故与科学不过是可以互相转化的两面。他认为指责研究国故者"无世界眼光",是一种"谬见",因为只有"以国故为至高之学,谓即此已足,无事外求者",才是"无世界眼光"。"整理国故以贡诸世界学术界",比起只知道"抄拾欧化"的人,对世界学术的贡献要大得多。

张煊承认"输入欧洲物质文明,实亦今日当务之急",就"国故"和"欧化"的关系,他提出了"造纸说":"譬诸造纸,将来之新文明为新纸,国故犹败布,欧化犹破纸,为造新纸故,破纸固不可弃,败布亦所当宝,败布与破纸其能改造为新纸则一也。今执破纸以示人曰:是纸也,败布者非纸,持之无益,宜速弃之。彼造纸厂之主人,且从而笑其后矣!……吾人之研究国故,非为保存败布,实欲制造新纸。收拾国故之材料者,犹之拾败布之工人;整理国故,犹之退败布各种色彩污秽之化学工作,虽非亲自造纸之人,而其有功于造纸,则与造纸工人正等。"

张煊批评毛子水的意见"偏而无当",而毛子水在下一期《新潮》上的驳文,简直是指着对方的鼻子骂:"'科学尊而礼义亡'那种说法,非特是学术的蟊贼,实在是国民道德的蟊贼!"要不是五四运动愈演愈烈,双方无心顾及,这场见解之争恐怕还会向意气骂战方向恶化。

等到10月,《新潮》的导师胡适腾出手来,才给这场争论下了几句持平的判语。胡适说,张煊其实不必将"国故"与"时势"扯到一起,硬要为研究国故找出实用性,因为"'国故学'的性质不外乎要懂得国故,这是人类求知的天性所要求的",非要给国故安上"修齐治平"的功用,这不是"为真理而真理"的态度,同样,《新潮》也有"太偏的地方",紧接着,胡适说出了那句有名的话:

> 学问是平等的,发明一个字的古义,与发现一颗恒星,都是一大功绩。

七、联 合

《新潮》与《国故》是对头,《新潮》与《国民》在"五四"前,也素不相能。至于源头，得追溯到一年前：

1918年5月初，东京的中国留学生为了抗议段祺瑞政府与日本签订《中日共同防敌军事协定》，举行大规模示威游行，遭到日本警察的镇压，中国学生决定罢课，两个星期后，因为罢课没有效力，于是决定全体回国。当时回国的留学生达一千多人，他们与北大等校的学生取得联络后，于1918年5月21日发起京津地区的大专学校两千多人向总统府请愿。这次请愿"十分温和"，也没有得到政府的任何回应。

请愿队伍里，北京大学打头的是许德珩、段锡朋等人，傅斯年等人却自始至终表示反对。这次请愿导致了校长蔡元培的第一次辞职，为此顾颉刚把参加了请愿的罗家伦痛骂了一顿。许德珩则在回忆录里一口咬定：这次请愿失败，全是由于傅斯年等"坏学生"向当局告密的缘故。

这次请愿之后，学生队伍出现了分裂。一部分激进的学生不满于"北京学生死气沉沉"，决定成立一个团体，出版一种刊物。团体是"学生救国会"（最初叫"学生爱国会"），刊物是《国民》杂志。

《国民》创刊号本来计划在1918年下半年出版，但因为总务股主任鲁学淇挪用经费，出刊延期到1919年1月，跟《新潮》第一期正好撞上。

在后来的叙述中，《国民》杂志社和《新潮》社的区别只是学生中思想倾向的差异，但同属于"新思想新文化"的阵营，如《国民》主编之一黄日葵这样分辨两种刊物："五四运动之前年，除《新青年》杂志为教授所主持者不计外，学生方面，有两种大的倾向，……一种倾向是代表哲学文学方面，另一种倾向是代表政治社会的问题方面。前者是《新潮》杂志社，后者是《国民》杂志社。"（《在中国近代思想史演进中的北大》）

这只是一方面。两社的分歧，也多含有意气的成分。新潮社比较精英化，初创时成员只有二十一名，门槛相当高，北大学生要"投稿三次经本志登载"才能入社，外校学生不但要登三篇稿，还得有二名以上社员介绍，社员一年之内不投稿，就会被"清退"。头一年就清退了三名。后来规定有所放宽，取消了投稿限制，但前前后后也不过招了四十名新社员，以北大学生为主。

《国民》杂志社是学生救国会的机关刊物，理论上只要会员都可以成为杂志社成员，事实上则多半靠社员介绍，因为《国民》杂志社先后社员达一百八十九人，连《国故》月刊的一些学生编辑，如张煊、孟寿椿、陈钟凡也列名其中。校外的人员很多。而且学生救国会与南方的政治势力联系紧密——许德珩等曾在上海会见孙中山，据说当时名不见经传的蒋介石还向学生救国会捐了十元大洋。

为此，蔡元培不让《国民》杂志社的编辑部设在北京大学校内——《新潮》与《国故》则可以。而且，对于《新潮》、《国故》，北大校方都有"垫款三期"的扶助之举。《国民》则是自筹资金，靠学生救国会会员每人四元"入社金"与每人每年一元（1919年底改为二元）的"常年捐"支撑杂志的运转。

《国民》与《新潮》之间，存在明显的敌意。五四运动之前，《国民》基本使用文言，这本来是社会性刊物的常态，但许德珩解释说："因为我们与傅斯年合不来，他们干的事我们不干。傅斯年不赞成我们反日，就不参加学生会。《新潮》提倡写白话文，我们《国民》就偏用文言体裁发表文章。当然，这与我们的刊物是全国性的有关，因为当时社会上对于白话文还不易接受，但是也含有与《新潮》搞对立的意图。"因为要搞对立，国民杂志社的北大成员"在校外也是写白话文"，"一回北大就只写文言"。

五四运动改变了这种对立的局面。

《国民》与《新潮》的联合，大概首先应该归功于他们共同的指导者李大钊。李大钊的图书馆长办公室，是《新潮》同人常去的议论场所，李大钊发起的少年中国学会，成员里有许多来自国民杂志社。因此，李大钊经常担任两个社团之间的调解人，比如五四运动前，李大钊曾出面说服许德珩等人，让罗家伦、康白情、杨振声等新潮社中坚加入北京大学学生会，共同组织五四运动。

　　1919年3月，北京大学的学生发起成立了平民教育讲演团。这个组织的宗旨是"增进平民智识，唤起平民之觉悟心"，它囊括了新潮社和国民杂志社几乎所有的主要成员，而且往往同一个演讲小组中，既有国民杂志社的社员，也有新潮社的骨干。在五四运动中，讲演是北大学生反抗政府、争取外界支持的主要方式之一。

　　5月4日之后，北京大学几乎所有的活跃分子都投入到了运动当中。三四个月前还各行其是的北大学生捐弃前嫌，团结到一面旗帜之下，共同为外交危机、释放学生以及挽留蔡元培等问题呐喊奔走。

　　对于新潮社来说，五四运动的最大意义在于让他们参与了实际的"救国行动"。之前，他们不太相信"民德堕落，苟且之行遍于国中"的普通民众有接受新思潮新文化的能力，因而将《新潮》的预设读者定为有一定教育程度的中小学生。如今，他们试图将《新潮》上那些对旧思想旧制度猛烈的抨击带到民众中去，他们向着大街上聚拢来的市民，演说着《改良家庭》、《迷信》、《打破空想》这样的题目。

　　在五四运动冲决一切的大潮中，行动的呼声压倒了理性的思考，新潮社不得不自惭于"从前我们中国的学生，口里法螺破天，笔下天花乱坠；到了实行的时候，一个（个）缩头缩颈"，而加入向民众传播"北大精神"的队伍中。此时的"北大精神"，却从"唤起国人对于本国学术之自觉心"，变成了"以学就人之教育"，"北京大学因以平民主义之大学为标准也"(《平民教育讲演团成立启事》)。这种从"思想的启蒙"转化为"行动的启蒙"的转变，正如施瓦支指出的那样，表明新潮社的领导人"渴望超越他们自己的狭小圈子，把对启蒙的倡导充分地带入中国社会"。(《中国的启蒙运动》)

同样基于民众启蒙的渴望，国民杂志社也修改了自己的方针。由于街头演讲的特殊性，演讲者不能只讲政治问题和外交问题，也要宣讲与一般民众切身相关的话题。他们不光讲《青岛交涉失败史》、《国事真不可谈吗？》，也讲《家庭制度》。《国民》与《新潮》的关注点在五四运动中渐渐靠拢、融合。

两个社团成员之间的关系，也有了明显的改善。二卷二号的《国民》上，罗家伦有一首诗《往前门车站送楚僧》，赠别即将出国的许德珩，回忆他们在五四运动时并肩战斗的情形：

> 五四以后的一夜，
> 　你在门内，我在场中；
> 六三前的一夜，
> 　我进门去，你在场中——
> 这都是昏黑的晚上
> 可怕的矮树，供我们藏身，
> 可怜的带刀人，做我们的保卫，
> 这是什么景况？
> 楚僧我们今夜相别！

1918年5月，两人一起走在游行队伍里。分道扬镳一年之后，又是一个5月，两人终于再度走到了一起。

八、《顺天时报》的报道

面对充满着反日情绪的五四运动，日本方面是什么样的反应呢？

5月21日，日本公使小幡酉吉向中国外交部提交照会，内容主要是指责中国社会的反日言论，并再三要求中国实行言论管制："对此荒唐无稽无政府主义之主张与阻害友邦邦交、挑拨两国国民恶感之言动，不加何等之取缔，是本公使之甚所遗憾者也。"

6月16日，日本外务省向美国驻日使馆表示强烈不满——日本政府与新闻界普遍认为，是美国特务在煽动中国学生反日，"利用这场运动以扩大他们的市场"。它们还将"五四事件"归因于中国政治家们野心的冲突，归因于布尔什维克的宣传，用美国驻日大使莫里斯的话来说，归因于"除日本侵略外的一切"。（周策纵《五四运动史》）

这种指控源自中国传来的谣言。正如后来杜威一再强调的，这种指控毫无根据，"这样一场浩瀚的运动绝非几个外国侨民或外交人员所煽动的"。但日本显然"愿意"相信这场运动与它在一战之后的主要假想敌之间，有着密切的联系。

在中国，日本也发动了对五四运动表同情态度的众多媒体的舆论战，承担这一任务的，便是鲁迅评为"日本人学了中国人口气说话"的《顺天时报》。

《顺天时报》是日本外务省的中文机关报，自然"诸事为日本说话"（周作人），它对五月四日事件的定性是"骚乱"，并且连日刊登新闻或评论，攻击学生运动后的"暗幕"："此次学生借争青岛问题演出是等风潮，其内幕为野心政客及亲某派所怂恿，并闻此派阴谋家非但利用青年学子以困政府，且有勾连军队及劝诱商人罢市为学生之后援。"代表日本政府及主流舆论观点的《顺天时报》，在构建自己的一套"五四叙事"，其基调是将学生运动与国际利益争夺、国内政治争斗相勾连，将运动的动机阴谋化。

《顺天时报》的假想敌之一，便是有美国背景的《益世报》。5月23日，《益世报》因发表山东第五师支持学运的集体通电，被京师警察厅查封。《顺天时报》对此几乎是拍手称快，于6月4日发表一封"读者来信"，作者自称"五四"之后，曾两度投书《益世报》，主要和平化解，"均被弃之不载，而激昂之件无日不登，并加沉痛评赞，想该报之宗旨，专采挑衅者为有价值耶？抑以稳当者为媚外耶？"

自然少不了攻击美国人"收买学生"。6月7日报道《学生有发财者》："昨日有北京某大学预科学生某甲年十六岁持现洋二百元示人，询其钱何由而来，则答云系某国公使馆所给，有分得五十元者，有分得百元及数百元不等云云。"

攻击之外，还有大量的自我辩护。6月1日，《顺天时报》刊登于头版的"论说"题为《留东学生与日本人》，称："中国学生在东京留学受许多之利益，乃留学生反有排斥日本之风气，可谓极不自然之现象，此果何故耶？"把留学生回国发起的反日运动归因为"彼等对于东京生活之不满足"，因为经济条件所限，日子过得不好，就怨恨日本。

《顺天时报》根本不承认日本对中国的领土、主权有任何非分之想。6月10日，《顺天时报》刊出《日人论调二种》，声称关于山东问题，日本国民有两种意见，"第一种曰山东问题宜全行抛弃日本之主张，望专管居留地固无其必要，即铁道矿山之权利，亦无须获得"。另一种则主张"条约上之权利固不可不保持之，然中国人既扶持疑念，则声明交还之外，于交还之时仍不可提出不当之条件"。"编者按语"强调"此等议论实与日本政府所执方针一致，且为日人多数之意见，即可视为日本之舆论也"。

《顺天时报》也不承认以它为代表的日本报纸对中国有何敌意："中国人先怀成见,对于日人所有之言论,均以为欺罔中国,祸害中国,诚为大不可也。"面对中国舆论界的猜忌与反感,它强调报纸作为言论机构的公共性:"须知执笔于日本第一流之新闻者,在思想界多为先觉之士,莫不有指导国人思想之抱负,故关于对华关系之持论,多为进步的,较诸一种记者徒以离间他国之国交,或紊乱他国之秩序为目的者,实不可等量齐观也。"

在《顺天时报》的"五四叙事"中,充斥了大量的或正面抹黑、或旁敲侧击的负面新闻报道。如《学生不思择术》,说学生抵制日货,叫卖国货,"不料所售之货既难销卖,而该学生每到一处,则有多人围观,以致阻碍交通路线,巡警虽不直接干涉学生卖货,然对于妨碍交通之群众则驱之不遗余力,各学生叫卖终日竟无购者";又如《妓女大出风头》,报道妓女林亚西在城南公园发表演说,违反政府禁止演说的规定,被警方剥夺其游园权;还有《得病不吃药》,报道前门外某药铺,因为价高质次,生意不如"新开药铺",但东家们不思"急速改良,挽回利权",反而怨恨人家夺了自家利益,这令记者"忽然想起中国人民排日的风潮,自己不知努力图强,乃抱怨人家不对"。

在这些负面新闻中,最多的还是学生运动尤其是北京大学"内哄"的报道,以证明"阴谋论"的正确。如6月9日,该报报道称北京发现了"惑乱人心传单",从新世界楼顶"约有数百张,飘然飞舞而下",传单内容是代表北京市民要求处决卖国贼云云——这自然便是陈独秀身穿白西装散发,并导致陈被捕入狱的那叠传单。

与这条新闻同日刊出的,是"京师警察厅启事",称接到"北京大学全体学生邮函",指责传单内容"全属义和团之谬见,学生等深受教育,岂有作荒诞思想之理?"这种传单"为奸人暗布,别含用意,或为宵小造谣,以利私谋"。

《顺天时报》于6月13日制作了名为"关于学潮之四方八面"的专题版面,主要内容是以部分北京大学的毕业生、在校生的名义,向政府交递的反对学潮的呈文。如北大毕业生"郑滋蕃缪承金杨绪昌周蔚生成林等三百四十九人"的呈文里说:"北京大学自蔡子民先生长校以后,新旧文学党派分歧,在蔡校长并取兼容,原期并行不悖,而邪说传授,祸基已伏",因此酿成风潮,"滋蕃等先后毕业北京大学,关怀母校,义不容辞",要求政府尽快平息风潮。

而"北京大学学生任玉枢郭士恂王显模等八百五十六人",以在校生身份指证"藉端煽惑恣意肆行少数专权托名全体,此固学子恒情,而敝校尤甚",在他们的叙述中,"自蔡校长辞职远适故乡,罢课挽留,已非众意,积日经旬,倍形纷扰,坐荒学业,虚掷光阴,或届期满欲试不能,或被强从欲归不得,横行独断莫可如何……"

《顺天时报》还报道说,学界的"内哄"越来越厉害,"自二次讲演之后,各学校学生因避风潮出京回籍者,竟达十分之四"。

这些负面的报道与评论,真伪是非,大可考究。站在"进步"的叙事立场,往往会将这些都斥为"无聊的造谣"而不予理会。1919年9月出版的《五四》一书,由北大学生蔡晓舟、杨量工编辑。内中第四章"舆论",收各方文字甚夥,但比较缺乏的,一是执政的皖系言论机关的评述,一是日本方面的舆论,总之,"反派"的意见处于缺席的状态。

但是,缺席者也可以是"缺席的在场",《五四》的编者,并非不知道或不关注反方的观点,他们只是通过选取与之针锋相对的舆论,构成一种隐性的批判。譬如,这一章中选载《日本帝国大学教授吉野博士之论文》,并注明"中日各报多载之者",便可以视作对日本主流舆论的某种回应。

这位"吉野博士"名叫吉野作造，是日本"晨社"的领导人之一。他的观察是从"文明"、"进步"为着眼点，除去遗憾于"彼等之手段，颇极狂暴，而未尽文明"之外，吉野对五四运动基本抱持同情态度。他赞颂"北京大学学生之开发，至于如此其速，颇与日本之开明思想由民间而渐入官立大学者，有相比类之处"。因为"官立大学"，一向被认为是保守官僚的养成所，而"开明的自由思想"，向来在中国南方盛行，"今以官立大学之学生，于中央政府所在地，而鼓吹自由思想，极热烈极彻底"，这与日本十年前的状况很相似，作者为此感到"吾人不得不为东洋文化发达贺也"。

有意思的是，1919年5月之前，《顺天时报》持与吉野相似的文化立场，对北京大学的新思潮新文化，一直持正面肯定的态度，如称赞蔡元培长校以来，北京大学"形式上精神上大有可观"，陈独秀则"中西学问均优，办有某英文杂志，其生平著述颇富"。在以林纾为对象的"新旧思潮论战"中，《顺天时报》也是旗帜鲜明地站在新文化一边，指出"关于思想问题，常分为旧型保存论者与破坏论者两派，而保存论者往往借政府之权力或社会的威力，以图压抑破坏论者。然权力的压抑往往失败，或足召社会之紊乱"，希望"有权者及为政者最宜注意"，并称赞新思潮是"社会内省的苦闷之声，其或将见社会的向上之曙光欤"。——基于《顺天时报》的这种立场，《每周评论》在汇集各报舆论时，收入该报的四篇文字，无不是一副对新思潮乐观其成的姿态。

不过，5月4日事件之后，《顺天时报》对北京大学那些新派教授、学生的观感，就发生了一百八十度的转向。它不仅发表评论，指控蔡元培应当对此次事件负责，其辞职是"堪嘉赏"的行为，而且还刊登了《北大学生揭破教员阴谋传单》，称"乃竟有提倡新文学之胡某利用时机，窃窃要职，假全体教员名义，以遂彼辈阴谋，前日教员会议，胡某竟公然鼓吹谓非学校革命不可，闻者多笑其谬妄，而彼等仍不敛迹，更授三五学生以方略"。政治需要改变了文化立场，《顺天时报》并不是"五四"中的孤例。

九、救国十人团

5月7日，赵家楼事件的第三天，北京市面上到处散发着一张油印传单。传单的末尾附着三条要求：（一）看后送人，一传十，十传百，百传千，千传万；（二）能翻印遍送更好；（三）请报馆多多登载。

仿佛是响应这种号召，《京报》于5月8日，北京《益世报》于5月9日分别登载了传单内容，这份传单又出现在天津《益世报》的版面上，《益世报》编者称传单内容"颇简单易行，特为转录"。

这份传单主张些什么？第一段为读者描述了一幅惨景："国要亡了，仇人的军队警察就要来了，他们数十万数百万男男女女老老少少的人民都欢天喜地的到我们国里来住家享福了。我们的房屋任他住，我们生人死人养猫养狗都要向他纳税，我们切菜裁纸都不能用刀，我们的姊妹妻女任他非礼，我们商店的货物任他取用，我们拉人力车的苦同胞就是跑着吐血也不想他的一个铜钱，奴隶，牛马，鱼肉，打杀病死。"你以为这些都是臆想么？传单上说，睁开眼睛往鸭绿江那边望一望就明白了，"这一道黑漆漆万劫不复的地狱门，就在眼前了"！

非救国不可，但国怎么救？传单的作者感于"国民从前对于外交发生激愤的时候，因为没有精密组织的团体，没有脚踏实地的办法，所以不久就消灭了"，于是提出了"救国十人团"的方法，具体是这样的：

每位国民寻找十个熟人（亲戚、朋友、同学、同事……）组成十人团，推选一名代表。每人印一张名片，背面刊登九位团友姓名。团

十人演讲团

员责任分消极、积极两种。消极责任是"提倡国货,宁死不买仇人的货物",有钱存在仇人银行的话,立即提出来,并不使用该银行纸币;积极责任是"提倡储蓄以为培养国力的基础",团友每人每月须储蓄国币两角以上,积至一元,即送至非仇人的银行储蓄,条件成熟(十人团达十万团以上)便举行救国团代表大会,组织国民储蓄银行,组织国民实业总公司,以所有储蓄金作为股金。

这个方法的优点,确乎是简单易行,只需联络十位熟人,不买仇货,每月存两角钱即可。至于国民储蓄银行、国民实业总公司,那只是一种远景规划。虽然有些条款不免有群众暴力色彩,如"十人互相监督以人格或生命为担保(一人背约九人得自由处分之)"。从组织上说,正如天津十人团运动领袖分析的那样:"十人团之用意有二,团体小则纷争少,有精神则易办事,此其一也;政府压力甚大,动加干涉,故集会结社颇觉不便,惟十人之会议随时随地皆可举行。"

这个方案的首倡者，据北京学生联合会讲演部负责人张国焘说，是北京大学事务主任李辛白。李辛白平日在校发言较少，注重实行。此次据说是李辛白个人出资刊印十人团章程，委托同学散发。

十人团重视储蓄，也与北京学界的风气有关。当时各校都很注重学生储蓄，因为可以培养节俭的美德，以及积少成多地运用资财的习惯。北大的学生储蓄银行办得相当红火，借贷模式也已成型。5月10日《北京大学日刊》登载学生储蓄银行通告，声明因暑期迫近，"保证放款一律停止，抵押放款仍可照旧办理"，另一方面，银行股东（主要是教师与学生）可以携带图章来领取红利。而在当时的"留美预备学堂"清华，学生储蓄甚至是一种校方强迫的行为（梁实秋《清华八年》）。

至于发往北京以外，学生救国会是一途，报刊转载是一途，连蔡元培在出京前夕，也友情客串，向外地访客推荐"可以试试看"。在这紧风密云的非常时期，星星之火，足以燎原。

最敏感的总是对手。日本公使小幡酉吉于5月8日向日本外务省发出的报告，已经提及十人团"狂暴的言论"，并称"结果是7日、8日以来本地的正金银行支店发生每天挤兑二万余元的情况"。

正如五四时期的大多数运动一样，救国十人团的发源地在北京，最成气候却是在上海。上海人，尤其是商界的参与，加速了这一运动的完善，在出现了校役十人团、车夫十人团、伶界十人团、妓女十人团之后，"中华救国十人团联合会"宣告成立。到6月初，在联合会进行登记的十人团已达1300多个。

这时，运动出现了方式的分歧。有十人团发出了致著名的两家百货公司先施、永安的公开信，指责它们一面提倡国货，一面大卖日货，言行不一，希望两公司"以若干日为限，清理日货"，言辞虽不算激烈，在联合会的主事者看来，已经超越了"劝导"的范围——他们只同意团友之间的互相监督，对未参加十人团的各界人士，"除婉言劝导外，决不以信件相恫吓或武力相迫胁"。后世研究者分析，大概因为联合会的主事者大抵都是商人，更多从经营者的立场出发，不支持强迫的抵货。

运动像滚雪球一样扩大开去。天津、济南、宁波、长沙……各地都成立了少则一二百、多则四五百的十人团。而团友的责任，也在扩大的过程发生变化：银行与公司股份的筹措，因为远景渺茫，很少有人提起；每月存两角银洋，对于济南、长沙等内地的下层民众与穷苦学生来说，也是不小的压力。于是各地因地制宜地修改章程，减少存款数（济南要求两天存一个铜元），对于那些找不足十个人成团的参与者，天津允许他们先成立"独立团"，再在运动中结合成十人团。

后期十人团运动的中心聚焦在"抵制日货"上。虽然拥有这一明确的目标，在当时的经济形势下，普通民众很难做到上海联合会所期望的那样，"静默持久"地支持国货。有意思的是，在所有公开的传单或章程上，都没有"日本"或"日货"的字眼，而改用"仇货"、"某国"代替，显然，政治的压力也如影附形。

1919年底，这种带有无政府主义色彩的抵制/独立运动，在变幻与回缩中前行："工读互助团"将参与者限制在更自律更激进的学生身上，而上海滩头新出现的小型工会组织，与众多社会教育团体，也许可以看做十人团运动的不同变体。

十、新文化的老对手

"五四"时期的舆论界，对于新思潮新文化，绝少以报馆立场，公开唱反调者。究其因，一是报纸本身是"传播文明三利器"之一，当时国人心目中，"文明"与"新"是画等号的，以新反新，多少有点儿不好意思；二是北京大学的新文化阵营，在种种传闻的塑造下，已经变成政府迫害的对象，弱势群体在舆论方面总是有着天然的优势，大家也不好意思帮着政府打压学校吧？

不过《公言报》是例外，它本来就是其时执政的"安福系"机关报。

《公言报》的主笔林白水，与蔡元培是老朋友，1903年底一同创办《俄事警闻》，后来林白水会同刘师培等人创办《中国白话报》，力倡排满革命。但1916年《公言报》创立时的林白水，在政治理念上与兼容并包的蔡校长已是分道扬镳。在《公言报》1918年《新年祝词》，林白水有这样一段话："吾人托庇于国家权力之下，断未有与国家为反对者，国家权力寄于何人之手，吾人即拥护何人，以拥护其人即拥护国家也，拥护国家之目的，在拥护一我而已。若反对手握国家权力之人，不啻我与我为反对，天下断无若是愚人也。"这是摆明卒马，要为执政的段祺瑞皖系摇旗呐喊，作舆论喉舌。

蔡元培执掌北大年余，《公言报》并没有明显的敌意，反而在新闻中称陈独秀是"在野知名之士"，对于北京大学设立研究所，聘请包括胡适在内的诸教授负责，不仅详细报道，而且赞扬研究所的成立"当此文艺销沉时代，得此或亦新学界之一线曙光也"。1918年北京学生总统府请愿，要求废除《中日共同防敌军事协定》。《公言报》一面表扬"全体学生约及两千人，其秩序整齐，毫无浮动气象，此则尤令人钦敬不置者也"，一面"颇以其干政废学为可惜"，批评蔡元培等"教育当局"管理不善。

到了1919年3月18日，《公言报》在刊登林纾那篇著名的《致蔡鹤卿太史书》的同时，发表同样著名的《请看北京学界思潮变迁之近状》，已经明确表达了对新文化"旧文学一笔抹杀，而且绝对的菲弃旧道德"的强烈反对；24日《北京学界思潮变迁现状再志》更是将矛头直接指向"大学当局"："本报对于大学出版著作，其果能于文学界思想界，力求改良进步者，诚极端赞成，至若土苴经籍，唾弃伦常,是不啻自坏国家数千年之文明,拥太学之皋比者,岂宜有此丧心病狂之举动?若其有之,其人格本不成立,亦更无派别可言。"而《公言报》的机关报身份也由此显露:他们不满足于批判与引导,而是借日本报纸之口"切望中国当轴严行取缔"。

《公言报》对于文言白话孰优的问题,还能承认"新旧两派各有是非",区别在于是"改良"还是"破坏"。该报最在意的,是"至中西道德根本不同,吾国数千年相承之学说,亦自有不可磨灭之理由,尝谓中国今日种种逊于西洋,而人群赖以维系,不至沦胥于败者,未始非食旧道德之利,故本报对于蔑弃伦理之谬说,尤深恶而痛绝之也"。编者的文化保守主义立场显而易见,他们非常厌恶青年学生"媚

林纾

外之气质"。不仅仅是北京大学,"留美预备学堂"清华学校也在《公言报》的攻击范围内,因为该校重视英文教学,中文课钟点少且都在下午,中文教师待遇差,《公言报》对此愤怒地质问:"国家糜此巨款,送其子弟入学,其所期岂在是耶?"

有意思的是,对于五月四日事件,站在同一条文化战壕里的林纾与《公言报》,态度却迥乎不同。《公言报》斥之为"学生大捣乱",林纾却在反对学生游行的同时,指出"学生为国复仇,即出位而言,心犹可谅"——其中区别,或许在于"机关报"与"独立文人"的不同立场。

后世研究五四时期的舆论,往往对《公言报》不置一词,似乎它已经被钉在了"机关报"的耻辱柱上,用心险恶,诋毁学潮,不问可知。而"五四神话"之所以能建构并流传,与这种"一面之词"的状况大有关系。其实,听听对立面的说辞,不会有理解历史有什么妨害的。

《公言报》5月5日的社论指出:"昨日北京各校学生之结合,表示民气激昂之态度,固非绝对不可,惟是对于事实宜详加调查,断不容以捕风捉影之谈,遽指政界一二要人曾当外交之冲者为卖国贼,甚至肆意殴打,焚毁住宅,姑无论事实上与外交问题毫无裨补,而扰乱社会秩序,侵害个人权利,似非服膺高等教育之莘莘学子所宜有此。吾人骤闻是种消息,凡疑法兰西史所记载恐怖时代一般乱民之暴动,及路透电所报告布尔札维克党人在俄国各地之骚扰又发见于吾华首都。"这种意见,与梁漱溟《论学生事件》的观点相仿佛,也是五月四日事件到今天也存在不同评价的重要因素。梁漱溟说:"试问这几年,那一件不是借着'国民意思'四个大字,不受法律的制裁,才闹到今天这个地步?"因此梁漱溟希望打人、烧屋的学生能向法庭自首、服罪。这当然是"正义在握"的学生不能接受的。

《公言报》反对学生"干政废学",其6月16日社论题为《学界

林纾绘京师大学堂

诸君可以休矣》,称"天下岂有号为学生而不上课者?又岂有以不求学而自命救国者?与日本争青岛乎?抑为蔡元培等争位置乎?……君等又以血气方刚之年,舍案头之笔砚,逐逐市廛间,执路人而告以爱国。记者愚见,吾侪市民虽知爱国,而诚不愿再有猛烈之风潮,君等何不姑先求学,学成然后拯吾民于水火中,岂不甚妙?"

对五四运动的反思,在新文化阵营中也一直在延续。蔡元培返校后,提出"学生救国,重在专研学术,不可常为救国运动而牺牲",也是这个意思。一年之后,五四运动领袖傅斯年、罗家伦先后发表文章,检讨五四运动的成败得失。按照他们的看法,学生运动的表面成功使学生中养成了"学生万能"的观念,过分高估自己"救国"的实力,其实学生能做的不过是"三番五次的请愿,一回两回的游街",这些活动还造成了学术的停顿,傅斯年引杨钟健的话说:"一年来我们全国青年学业的牺牲，其总数不止一个青岛！"胡适晚年将五四运动称为"一场不幸的政治干扰"，更是众所周知。

中国人的思维习惯，是自我批评可以，他人批评就有问题。同样的意思，《公言报》先说出来，便是替政府张目，压制学潮。"五四"后的传单上，《公言报》已被称为"卖国贼之机关"，它的报道、评论，自然都有"阴谋"在后面。如《公言报》多次报道北京大学内部有学生对罢课、游行不满，并刊登"北京大学本预各科一千三百五十八人仝启"的传单，这自然被解读为安福系收买学生的结果。然而，我们从常情推断，北京大学本是兼容并包、新旧杂陈的环境，难道没人对罢课游行的集体行动有所异议？《公言报》同样也在指责学生联合会作出罢课的决定是受研究系或国民党的收买——事实上，当时的舆论战，将各党各派、西方列强全都牵涉在内，"阴谋论"甚嚣尘上，各方彼此指控对立面收买学生、操控学潮，真相反而湮没不彰。

究其实，大转型的时代，缺乏一种社会共同认可的评判标准，法律也好，道德也罢，都处于悬空的状态，以不同的立场观察与叙事，自然会造成"此亦一是非，彼亦一是非"的混乱局面。在我看来，重读"五四"，不在于遽然作出价值评判，更多的是体味历史的复杂与吊诡。

蔡校长元培

20世纪中国知识分子最崇拜谁？答案可能是毛泽东。他们最佩服谁？我想是蔡元培。前者可能是非理智的迷狂。对蔡元培，那一定是受到他人格力量的感染。1936年胡适、蒋梦麟等发起一批知识分子为他购屋祝寿，称蔡元培是这几百个知识分子"最敬爱的一个公民"，也是"一位终身尽忠于国家和文化而不及其私的公民"。

北大百年校庆，蔡元培人气急升，俨然新一代知识界偶像。这几年的知识界偶像，有一个共同特点，就是道德化倾向比较严重。比如陈寅恪，《陈寅恪的最后二十年》主要是写他的气节，结果让陈寅恪热达到了顶峰；王小波，许多人看重的是他辞去公职的反体制行为；更不用说顾准，一句"愧对顾准"已经说明了这位思想家是怎样被读解的。说起来好笑，知识界树立偶像，不是为了维护知识的尊严，而是为了拯救道德的沦亡。

蔡元培是一位学者，是一位政府高官，是一位教育家，还是一位社会活动家。不过，他在学术上建树一般，《中国伦理学史》只是开风气之作，《石头记索隐》更是被胡适称为"猜笨谜"；蔡元培的政治能力也不强，30年代出版的《民国名人小传》称他"因人成事，实碌碌无为者"，"为官无实绩"。这倒也不能说全是厚诬之辞，政治权谋，的确非蔡氏所长，从他与袁世凯周旋的屡屡失策就可以看出。他发起民权保障同盟，干实事的主要是杨杏佛。在这些方面，蔡元培的确算不得成功者。

蔡元培真正令知识分子钦佩、景仰，是他营建了北京大学这样一个思想自由和学术独立的天地，后来的中央研究院，实际上是北大研究所的扩大化。但是蔡元培当北京大学校长十年有半，真正在校时间只有五年半，北大的校长负责制，也远不如清华的教授评议制来得科学。30年代，清华迅速代替北大成为中国第一高校，不能不说蔡校长手订的学校制度也有较大的弊端。这些弊端，蔡元培在，不明显，他一走，就全暴露出来了。这是为什么？说穿了，北大的兴旺局面，很大程度是靠蔡元培校长的人格魅力在维持。他就像《儒林外史》里的虞博士，他在的时候，士林好生兴旺，先贤祠香火不绝，他一走，人亡政息，风流云散，只剩下雨花台的落照，空空地映在一屋子蒙着灰的祭器上。

蔡元培的遗言中有"我们要以道德救国，学术救国"的话。终其

蔡元培（中）与胡适（右二）

一生，他是一个真正的"完人"，早年蔡元培在北大办进德会，从甲种会员的不嫖不赌不娶妾不做官到丙种会员的不吃肉不坐黄包车，要求道德完美到了苛刻的地步。一直到他死，"蔡先生为公众服务数十年，死后无一间屋，无一寸土，医院一千余元，蔡夫人至今尚无法给付，只在那里打算典衣质物以处丧事"，自明代以来，大约除了海瑞海刚峰，没有哪个高官如此清廉，翁同龢不错，离职回乡时连路费都没有，但他毕竟有收藏的名画，还卖了五百两银子。

在我眼中，蔡元培是一个道德家。他能真正对新旧道德的精华都是身体力行的第一人。不管新派旧派，在这一点都说不出什么话来。北大百年校庆时，北大师生编演《蔡元培》，中有台词曰："人人都尊崇我蔡元培，可又有谁真正与我同道啊！"我觉得这是后人的视角，未免把蔡元培瞧低了，他身上有着"明其道不计其功"的迂劲儿，他只对自己要求完美，却并不想拿这个标准去要求别的人。进德会完全是自愿加入的，对于辜鸿铭的保守，陈独秀的放浪，他都能容忍。最最难得的，是他对刘师培这个国学大师兼"士林败类"的态度。

刘师培当初鼓吹反满最烈，不久又投降满清大员端方，甘愿充当间谍，捉拿孙中山等人。在中国这样一个讲求道德的国度，刘师培的行为注定会被判处精神上的死刑。但蔡元培为之极力辩护："刘申叔，弟与交契颇久，其人确是老实，确是书呆。"

民国刚一成立，蔡元培立即与章太炎联名在报章刊登启事，寻找刘师培。这通启事大有顾贞观援友于难之风，我忍不住要抄在下面：

> 刘申叔学问渊深。通知今古。前为宵人所误。陷入樊笼。今者民国维新。所望国学深湛之士。提倡素风。任持绝学。而申叔消息杳然。死生难测。如身在他方。尚望发一通信于国粹学报馆。以慰同人眷念。

《黄金时代》里王二给陈清扬阐释什么叫伟大友谊，说即使你是个万众唾弃的卑鄙小人，我也会站在你这一边。蔡元培、章太炎对刘师培的友谊，就是这一种。后来刘师培参加筹安会，拥护袁世凯称帝，成为"民国罪书"，蔡元培仍然容留刘师培在北大教书。时人评价蔡元培"律己不苟而对人绝对放任"，背地里好些人说他"糊涂"。可是没有蔡元培的糊涂，哪来刘师培晚年闭关的著作，黄侃以友为师的传学？这几年知识界的道德热潮中，负面的典型也树了不少，从冯友兰到余秋雨，一一被拉出来痛挞。我不好说什么，人家有怨气么，人家坚持理想主义么，但是就像怀念傅斯年一样，我真的怀念我们的老校长，蔡元培。

尴尬的胡适

新文化运动的领导人之一胡适之先生,1919年4月底到上海去迎接自己在美国时的导师杜威先生访华。5月6日,他才从上海的报纸上得知北京发生学生骚乱的消息。5月7日,他收到新文化运动另一主将陈独秀的北京来信,报告了五四运动的详细经过。此时的胡适,恐怕还没有想到,这场学生运动,对于他,对于他回国后一直努力的事业,会有那么大的影响。

虽然后来做了政治上的"过河卒子",胡适1917年刚回国时,确实曾经发誓"二十年不谈政治"。他从事的是文学革命。而文学革命,在胡适看来不外乎两点:(一)"用白话来作一切文学的工具",因为"死文字定不能产生活文学",而"文学革命的运动,不论古今中外,大概都是从'文的形式'一方面下手,大概都是先要求语言文字文体的等方面的大解放"。(《谈新诗》)(二)提倡"人的文学",这个口号在胡适那里,又被具体化成"易卜生主义",即"使你有时觉得天下只有关于你的事最重要,其余的都算不得什么。……你要想有益于社会,最好的法子莫如把你自己这块材料铸造成器……有时候,我真觉得全世界都像海上撞沉了船,最要紧的还是救出自己"。(《易卜生主义》)从这些主张我们不难想见,胡适之博士在五四运动这样一个以学生民众对抗政府的群体性风暴中,会采取怎样的一种态度。

其实胡适在《新青年》一班同仁中,绝对算不得激进,他的《文学改良刍议》和《建设的文学革命论》，没有陈独秀断言"必不容反对者有讨论之余地"那样的武断，也没有钱玄同提出"迂谬不化之选学妖孽与桐城谬种"那样的尖刻，但因为他是始作俑者，当时舆论一致将他作为新文化运动的领袖之一，林纾那两篇出名恶毒的小说《荆生》和《妖梦》里也将胡适作为标靶之一大加攻击。这些都显示了胡适在"前五四"时期的历史地位，陈独秀虽然认为新文化运动是历史的必然产物，无关个人，但仍在40年代回顾"五四"的文章中说："蔡先生，适之和我，乃是当时在思想言论上负主要责任的人。"胡适后来也不无得意地说："白话文的局面，若没有'胡适之陈独秀一班人'，至少也得迟出现二三十年。"

有着这样思想和这样地位的胡适之，于5月29日回到北京，自然也成为众所瞩目的对象。而胡适返京的言行，也分明可以看出明显的矛盾：对抗争政府的同情和对运动方式的拒斥，使胡适成了"五四"大潮中一名尴尬的发言者。

6月11日，陈独秀因散发《北京市民宣言》而被捕，当夜胡适就写下了一首抗议的诗《威权》，写"奴隶们同心合力"，终于让"威权倒撞下来，活活地跌死！"这首诗发在6月29日的《每周评论》（第28号）上。在同一期刊物上胡适还写了一组"随感录"，一反平生作文温柔敦厚的风格，极具讽刺与挖苦之能事。《爱情与痛苦》对被幽囚于警察厅的陈独秀表示敬意："我们对他要说的话是：'爱国爱公理的报酬是痛苦，爱国爱公理的条件是要忍受得住痛苦。'"《研究室与监狱》直接援引了陈独秀的名言："我们青年要立志出了研究室就入监狱，出了监狱就入研究室，这才是人生最高尚优美的生活。""五四"以后，社会上谣传"新潮社社员傅斯年、罗家伦被安福俱乐部收买"的传闻，胡适在《他也配》中轻蔑地说："安福部是个什么东西？他也配收买得动这两个高洁的青年！"

但另一方面,胡适也是个公开的"复课派",他对学生说:"单用罢课作武器是最不经济的方法,是下下策。屡用不已,是学生运动破产的表现。罢课于敌人无损,于自己却有大损失。"在他的影响下,傅斯年、罗家伦、段锡朋等初期学生领袖纷纷退出运动中心,并对五四运动表示反省,如罗家伦就认为五四运动是一次失败的运动,"罢课"、"三番五次的请愿"、"一回两回的游街",都是"无聊的举动",是在"毁坏学者","学生的优点固然是一律表现出来,但是弱点也一律暴露出来了!"傅斯年更是联合胡、罗等人,要求将北京大学迁到上海去,并讨论"不要哪些人去",被主持校务的沈尹默等人斥为"拆伙的打算"。五四运动一周年时,胡适和蒋梦麟联名发表《我

后期胡适

们对于学生的希望》,更明确地表达了对运动的态度:"荒唐的中年老年人闹下了乱子,却要未成年的学子抛弃学业,荒废光阴,来干涉纠正,这是天下最不经济的事。"

多年以后,胡适在论及"五四"时,仍然保持着他不尴不尬的"两面派"认识,一方面,他承认"经过了这次轰动全国青年的大解放,方才有中山先生所赞叹的'思想界空前之大变动'。这是五四运动永久的历史意义"。(《五四的第廿八周年》)另一方面,他坚持说,五四运动"实是这整个文化运动中的,一项历史性的政治干扰。它把一个文化运动转变成一个政治运动"(《胡适口述自传》)。

狂人傅斯年

傅斯年是一个很狂的人。早年的北大，聚集了很多狂人，但傅斯年仍然可以在里面狂得出类拔萃，人送外号"孔子之后第一人"，别人跟他打招呼，总是爱理不理，说话呢，不上几句，就转过头去背书了。性情好走极端，有一次走在路上，被飞驰而过的汽车溅了一腿的泥水，回到宿舍大发牢骚："凡是坐汽车的都应该枪毙！"如果我们可以说一个女子长得"很江南"，那么我们也可以说傅斯年这种极端性格"很五四"，这实在是典型的反抗派，"必不容反对者有讨论之余地"。五四运动中，清华学生的队伍在西单被一辆汽车挡住，学生们二话没说就把汽车掀翻了，他们的理由是："坐汽车的有几个好人？"教授里一直葆有五四脾气的是钱玄同，他的惊人议论是"人过了四十就该枪毙"！然而他自己活了就不止四十岁，鲁迅作诗讽刺他："作法不自毙，悠然过四十。"

狂归狂，傅斯年的学问大家都是佩服的。胡适1917年到北大，顾颉刚去听了他讲中国古代哲学史，回来向傅斯年推荐，傅斯年也跑去听，课后向胡适提了一些问题。胡适后来说，他初到北大任教，发现有些学生比他的学问还大，说的就是傅斯年。傅斯年是国文门的学生，是陈汉章、刘师培、黄侃的得意弟子，到哲学门去听课是旁听，但是他听了几门哲学课以后，居然上书给校长蔡元培，要求把哲学门从文科中划分出去，要不并入理科，要不单独成立哲学科，因为他觉

傅斯年

得哲学和文学完全不相通。这又是他那种极端脾气的反映。再比如,他入北大的头两年治国学,喜欢李商隐,后来投入新文学门下,反过来骂喜欢古代诗词的人是"妖",罗家伦问他:你喜欢李商隐的时候呢?他说:"那时候我也是妖!"五四运动的时候,傅斯年是游行总指挥,但是他本意是要推行一种"有纪律的抗议",五四运动变成后来的样子,傅斯年很后悔,他和胡适去向北京大学评议会建议,要把北京大学迁到上海去,而且要开除掉一班热衷社会运动的师生。这件事,虽然主要倡议者是胡适,但我怀疑是傅斯年的主张,因为他比他的老师要果决得多。

后来有一件事也可以证明我的看法。抗战胜利后,傅斯年是飞往北平的接收大员之一。有人推荐他做北京大学的校长。他坚决辞谢,保举尚在美国的胡适来当。但是傅斯年要求当一段时间的北大代理校长。他认为胡适心太软,北京大学有很多人留在沦陷后的北平,在伪北大里担任了教职,胡适恐怕不忍心把他们全都开除,所以他来帮胡适"扫清道路"。结果傅斯年代理北大校长,果然是"一个也不放过"。有些名宿,很多人来说情,傅斯年一口回绝,认为如果宽宥这些人,对流离到后方的北大师生就不公平。

国民党撤离大陆,傅斯年出任台湾大学(原台北帝国大学)校长。这个大学在时人看来,就如同南朝在江南设置北方州郡的"侨州"一样,是北京大学的"侨校"。傅斯年只当了两年的台湾大学校长,就去世了。但他对台湾大学的影响之大,犹如蔡元培之于北大。台大里至今还有"傅园",台大毕业生追怀"傅校长",和北大人忆念"校长蔡"并无二致。刘绍铭的小说《二残游记》里,主人公二残追忆台大岁月,他们几位狂士在傅园的草坪上喝酒论学,有一段很动情的表白:"傅校长,虽然我在大洋这边的美国也拿了个什么博士,但我最骄傲的,还是杜鹃花城的那个学位。"

  一个人的遗爱能够那么深远,那么他性格上的瑕疵就可以被历史忽略。现今中国的学界政界,吞吞吐吐的人和事太多,傅斯年那样的爽快和极端根本看不到。按照高阳的说法,有本事瞧不起人叫"傲",没有本事还看不起人才叫"狂"。这样说来,傅斯年也许只是"傲"。每当有些人和事让人哭笑不得骨鲠在喉时,我的心就会动一下,想起这位胖胖的山东人。

大学的自由

中国的现代大学究竟是不是古时太学的余绪？赞成或反对都有一套道理说，陈平原先生《老北大的故事》一文分疏得明白。不管怎样，同是国家最高学府，比较一下"太学"与"老北大"的自由程度，还是一件蛮有意思的事。

以前太学的学规自然也是宽严不等。像晚清时"国子监学堂"已成为京师"十可笑"之一，在学监生也徒有虚名，那是谈不上什么学规的。但严的时候也严得可怕，最典型的莫过于南京北京国子监同立，曾被汪曾祺先生抄入《国子监》一文的明太祖敕谕：

> ……敢有抗拒不服，撒泼皮，违犯学规的，若祭酒来奏著恁呵，都不饶！全家发向烟瘴地面去，或充军，或充吏，或做首领官。今后学规严紧，若有无籍之徒，敢有似前贴没头帖子，诽谤师长的，许诸人出首，或绑缚将来，赏大银两个。……将那犯人凌迟了，枭令在监前，全家抄没，发往烟瘴地面。钦此！

真是好威风，好煞气！想来那时的太学生，都只能"如临深渊，如履薄冰"地活着，委实可怜。只是到了上世纪末京师大学堂创办时，这种禁迫已是荡然无存。起初因为多培养在职官吏的缘故，或者还有些天朝威仪，及自清室逊位后，北京大学的自由风气渐渐养成，慢慢地竟到了"无为而治"的地步。今天的学者说起蔡元培先生实行的"学术自由，兼容并包"的政策，自然是赞叹莫名，神思悠悠。同样，当年北大学生的自由生活，大概也会让今日的大学生羡慕得流口水：

> 你爱住在学校里，可以（只要你有办法弄到房子）。你爱住在家里，也可以；你爱和你的爱人同住在公寓里，更可以。你爱包饭，可以；你爱零吃，也可以……推而至于：你爱上课，可以；你不爱上课，也可以；你爱上你爱上的课而不爱上你不爱上的课，更是天经地义的准可以！总之，一切随意。（朱海涛《"凶""松""空"三部曲》）

大学自由到这种地步，简直有点当年柏拉图学园的风味了，真令人向往！可是且慢高兴！任何自由都是一柄双刃剑，你的自由往往带来他人的不自由。即使北大也不能例外，看看这一段记载：

> 老北大的住是非常畸形的……每一间房子每一张床位，全是"兄终弟及"的，学校当局无力过问。……现象发展的极端，于是常常寄宿舍内住了一大堆校外人，而正牌学生却不能不住公寓。

假如你也是当年一位住不上校舍的"正牌学生"，你会不会感到不平？会不会因为"平添了一笔公寓费"以及连带来的各种麻烦而愤怒？总不能因为年代久远，连当年的气愤也成了可资怀念的旧物，就连这引起气愤的现象也认为是合理的吧？

《北大旧事》这样一本收集回忆文字的著作，里面自然是溢美之词居多，我倒觉得读的时候，不妨多看看其中一些负面的东西——以

北大红楼

往纪念北大的书刊中,还没有像这样一本各方面都写到,而且好坏都说到的。现代大学在中国创立不过百年,中间颠踬起伏又从未断绝,很多事情还不曾摸索清楚,"宽严皆误"的现象不少。如"五四"以来,学生在革命运动中的作用固然不可低估,但一旦因此就赋予学生运动绝对的合法性,问题也就大了。《北大旧事》中当年的北大学生与蒋梦麟校长的互相指责颇可玩味。蒋梦麟提到"学校的学生竟然取代了学校当局聘请或解聘教员的权力。教员如果考试严格或者赞成严格一点的纪律,学生就马上罢课反对他们",这说的大概是事实。北大讲义风潮,起自北大评议会规定学生必须缴讲义费,这无论在当时或现在看来都是天经地义的事,然而"数百学生马上集合示威",终于把一向爱护学生的蔡元培也激怒了:

"你们这班懦夫!"他很气愤地喊道,袖子高高地卷到肘子以上,两只拳头不断在空中摇晃。"有胆的就请站出来与我决斗。

如果你们那一个敢碰一碰教员,我就揍他。"(蒋梦麟《西潮》第十六章)

这样的局面,除了说学生自私无礼外,确实很难找到什么别的解释。我并不是要单纯为学校当局辩护,但是据实而言,学生由于年轻冲动,往往不会体谅校方的难处,以至于有时好坏不分,连真心爱护学生的教师也一齐反对,非取得"完全自由"不肯罢手。这种现象倘遍及全国,则大学自身的体制就岌岌可危了。在鲁迅执教过的浙江两级师范,连后来被学生丰子恺誉为"像我们的母亲一样"的舍监夏丏尊,都被学生称为"阎罗"而加驱逐,何况别人?而且,一旦学生真个掌了权,恐怕自己人以前的自由也未必保得住。曹聚仁在《校长姜伯韩》一文中回忆当时浙江两师的学生自治会反抗官厅时,真是无法无天。但内部竟然有同学向自治会控告另一同学贪睡,每天下午三四点钟才起床,要求加以惩戒。这就不禁让人想起法国大革命时的"自由恐怖"了。说到底,"人生而自由,却无往不在枷锁之中"(卢梭),评价学生争取自由的运动时,哈耶克所谓"肯定性和否定性的自由"或伯林所谓"积极自由和消极自由"的提法,并不是派不上用场的。

拿饭来换学问！

湖北有三峡，有黄鹤楼，有赤壁。可是湖北出的大文人似乎不多。我没有翻查《历代文学家大辞典》，但这应该是事实。清末的一天，陈独秀在东京访章太炎，就提到这个问题。陈是安徽人，章是浙江人，这两省，不用说，近代出的大人物加上脚指头都数不完。可是它们的邻省湖北——那会儿还没有"武昌首义"，谁知道黎元洪黎菩萨？何况谈的是大文人。

不料纸壁那边有一个声音咆哮起来："安徽出了很多人物，未必就是足下！湖北没出什么人，未必就不是我！"

说话的，是湖北蕲春人，章太炎的大弟子，黄侃黄季刚。

古文字研究到现在，一共有两大宗，一是"罗王学派"，罗振玉、王国维，一是"章黄学派"，章太炎、黄侃。黄侃和他老师一样，早年是革命家，民国后才废政从学。今日硕儒，当年游侠，正是那代学者的独有风神。

章太炎是"章疯子"，黄侃呢，也是个"妙不可酱油"的人。

他进北大，比蔡元培还早。蔡元培长北大后，章门弟子很是得意，什么三沈二马，周氏兄弟，朱希祖，钱玄同。可是黄侃跟他们都不同调。他看不惯北大聘吴梅来教戏曲，认为简直是丢北大的脸，他更看不惯新派教师（主要是他的同门）围着蔡校长转，骂他们"曲学阿世"——这就给了蔡元培一个外号，叫"世"。当然，他最看不惯胡适之的提倡白话。胡适说白话文"痛快",他就说"喝醉了酒被刀子砍头最痛快"。

他看得惯谁呢?刘师培,这个先出卖革命派,又参与筹安会拥袁的"民国罪人"。刘氏三代治经,可是就快没了传人。为了让刘氏经学能传下去,黄侃毅然跪下磕头,正式拜比自己只大一岁的刘师培为师。"士大夫耻相师"是自韩愈写《师说》时就有的风气。大家都是北大教授,黄侃这个头,磕得古往今来多少人汗颜!

黄侃在风气一新的北京毕竟待不惯。五四运动后,他就南下到了保守派大本营南京。在中央大学的黄侃,不那么受到关注,可是他的学问传了下来。最好玩的一件事,是他上课上到一半,突然神秘地说:"学校给我的薪水,只够讲到这里,你们要听下去,得另外请我吃饭。"这顿饭学生请没请,于史无征。有人就说这是黄侃师德上的瑕疵,我倒觉得,季刚先生这样说,是因为知识有它自己的尊严。反过来看,黄侃磕头拜师得来的学问,为什么就不值一顿饭?

季刚先生死得太早,值得我们拿饭去换一顿学问的老师太少。

谁去了妙峰山

最早知道京西的妙峰山,是因为读丁西林。他写过一个剧本就叫《妙峰山》,讲北京一个大学教授在那里当了劫富济贫的山大王。看剧本感觉妙峰山是个很热闹的所在,客商云集,各说各话。

这个地界最热闹的时候,是阴历四月初一到十五。那是两百多年来华北地区最盛大的庙会,朝山的香客来自四面八方,每天都有好几万人,远至保定、张家口,都有香客团全副仪仗前来,在来路上互道"您虔诚!",下山的时候佩上一朵纸花,"带福还家"。

现在要去妙峰山,一点都不犯难。今年阴历四月初八"浴佛节",我们坐地铁到苹果园,下来打个的就上山了,一直开到庙门口,才10点钟。可是,在民国十四年(1925)呢?那一年的浴佛节,有几位北京城里的"先生"起心要去看看他们从来不了解的妙峰山庙会。

他们约齐了8点钟出发,坐人力车到西直门。9点到了海淀。12点到黑龙潭。下午到了北安河。打尖的时候,店主告诉他们有轿子坐,每乘大洋三元。他们不坐,他们要徒步上山。这几个文弱书生走得了四十余里的陡峭山路?周围的人都不相信。结果他们居然就一路走到了山顶的娘娘庙。已经是晚上9点了。

他们从第二天开始收集各香会的资料,才知道了棍会、开路会、施茶会、馒头会等许多名目,知道了香会的资金是像交税一样按地亩征收的,知道了要一百年以上的香会才能叫"老会",不然只能叫"圣会",……姓顾的先生生性内向,不大敢和人搭话,只是一味地抄路边的会启。倒是有许多香众围在他身旁看他写字。有人赞道:"这先生的字写得真快!"

到第三天他们就不得不下山了,因为北京大学给他们的经费只有五十元,(他们上山不坐轿有这个原因吗?)可是顾先生的脚崴了,只好雇了一乘轿子。山路那么陡,坐在轿子上往下看,只觉得轿夫随时都会失足,连人带轿堕入深涧。顾先生吓得直嚷着要自己下来走。后来想出一个好办法,把轿子倒过来抬,这样顾先生只会看到高远的天空,就不害怕了。

一行人下了山。其中一位孙先生,是《京报副刊》的编辑,把他们的调查成果,连续发表在报纸上,称为《妙峰山进香专号》。又过了四年,中山大学以这些文章为主,出版了《妙峰山》一书。这本书,成为中国民俗调查的开山之作。

妙峰山庙会在明清野史笔记中都有记载,那只是采风搜奇式的点滴留存。到了这几位先生手里,妙峰山才真正进入了历史。抛开民俗学的开创意义不谈,这是"大传统"与"小传统"的第一次正面遭逢。北京城里的知识分子,第一次认识到了在新华门、东交民巷、中央公园、沙滩之外的另一重世界。即如顾先生所说:"我们所知道的国民的生活只有两种:一种是作官的,一种是作师的;此外满不知道(至多只有加上两种为了娱乐而连带知道的优伶和娼妓的生活)。"通过妙峰山,他们了解到民间信仰的力量,存在于四书五经忠孝仁义之外的维系民间社会的力量。

去妙峰山的先生有五位,顾颉刚、容庚、容肇祖、庄严、孙伏园。

他们的李庄

这次去李庄,完全是按照罗常培1942年《蜀道难》中记载的路线走。

李庄镇距叙府(宜宾市)二十二公里,集镇在长江边上,各村则散落山中。抗战时期,这里驻留过中央研究院史语所、社会科学研究所,同济大学,中央博物院,营造学社,以及北京大学文科研究所部分成员。说李庄是"抗战后方四大文化中心之一",不过分。

1941年6月27日,西南联大校长梅贻琦、教务长郑天挺、中文系主任罗常培自泸州上船,往李庄参观,也看看那里的老朋友们。他们6月初从昆明飞到重庆,再从重庆乘汽车到泸州。可是要从泸州到叙府,却等了十二天,既没有车,也没有船。

史语所最偏僻,在板栗坳,"一个众峦逃拱的山洼"中。这里离李庄镇有十来里崎岖的山路,极为难行。而且这里自成一体,大乡绅有枪,有碉堡,还自己发行钞票。

史语所租下了板栗坳六所乡绅的大房子。当初也不知费了多大劲儿,才把史语所汗牛充栋的中西文书库给运进山去。

板栗坳比旁的地方都要闷热,川南的民居更是既不通风又不透气。罗常培来的第一夜,通宵无法入眠。史语所的傅斯年和李济之都是大胖子,难以想象他们怎么挨得过去。为什么要到这么偏僻燠热的地方来?答案只能是:保护资料和研究。叙府一带常有空袭警报,但傅斯年、董作宾、李方桂等同人照常工作,任继愈等研究生的口试照常进行,完全不受干扰。罗常培赞叹道:"专就这一点来说,就比住在都市里强得多!"

晚上,梅校长一行和史语所同人坐在牌坊头乘凉,回忆起北京、天津、上海、广州、长沙……很多很多地方。不知不觉已有十多个年头,想起这些,酷热的板栗坳似乎也变得风凉了些。

社会科学研究所在石崖湾,陶孟和等主持。那里有个七十多岁的老人邓四光,还记得和梁方仲的儿子梁承邺一起抓泥沙,跳格子。

梁思成夫妇的营造学社在月亮田。他们的卧室兼书房很小,真的只是"容膝"而已。林徽因在四川得了气管炎,每天须躺在院子里的帆布床上晒太阳,但是谈锋依然很健,客人告辞了还不肯罢休。梁、林的《图像中国建筑史》是在这里写成的。

这些人在李庄,对当地人的生活并没有产生太大的影响。同济医学院解剖尸体曾被当地农民认为是"人吃人",要一把火烧了他们。后来县里派兵弹压,院里又摆了几十桌酒,向乡民解释,才算搁平。月亮田一个乡民对我说:梁思成现在外面喊得热闹,当年我们可一点儿都不欢迎他们。

听说,去年同济大学在李庄特招了一名女生。

李庄现在最有名的,是"李庄白肉"。

若园巷，翠湖边

翠湖的原名叫"菜海子"，老昆明或许还记得。然而翠湖之所以不只是昆明的翠湖，是因为西南联大八年。想不得，一想到有那么多不世出的奇才每天在这里走来走去，就有点心旌神摇，见山不是山见水不是水了。

可是联大时期的翠湖，确实是一个特异的地方。"赤县城昏人换世，翠湖春好燕移家"，两句诗把时势世变和翠湖风光打成一片，是典型的陈寅恪诗风。抗战时的翠湖，不是纯粹的风景。

翠湖周遭，我最想看一看的是若园巷二号。很可惜，没找着。

当年这里的房东是一个寡妇，种了一树的缅桂花。缅桂花熟的时候，房东会打发她的养女，给各房的"先生"送一盘子去。把房子租给联大的学生，是赚不了多少钱的。可是翠湖边还是有很多人家愿意这样做。不然，联大的新校舍就得一张床睡两个人了！

若园巷二号住过汪曾祺，不客气地说，翠湖能有偌大名气，一半是他的功劳（李庄就可惜少了这么一个作家）。看他笔下的文林街、文庙街、龙翔街、凤翥街……翠湖的茶馆和图书馆，会让人不由自主地喜欢上昆明。如今那些可爱的小店和卖糠虾的老太太到哪里去了？我看见的咖啡屋，比萨饼和 VCD 特价。流沙河说得好：生活是生活，艺术是艺术。

汪曾祺在若园巷二号的同屋是王道乾。他是王小波的文学老师之一——另一位老师查良铮（穆旦）那时也住在翠湖边上。难道王小波是联大文学传统的薪传？我不敢这样说，您自己想。

王道乾在若园巷的生活似乎蛮写意，说"诗意"也无妨。"他当时正在读蓝波的诗，写波特莱尔式的小散文，用粉笔到处画着普希金的侧面头像，把宝珠梨切成小块用线穿成一串喂养果蝇"。汪曾祺似乎跟王道乾也并不十分要好。那时外文系的学生很有些瞧不起中文系的"土包子"。但是汪曾祺和陈蕴珍（即萧珊，巴金夫人）关系不错，他的夫人施松卿也是外文系的。在当时的联大，真是一个异数。

王道乾

他们的隔壁还住过一个人，吴讷孙。据说后来是美学和美术史专家。这个我不了解。我熟悉的是他的长篇小说《未央歌》。这本小说创造出了一个西南联大的青春神话，风魔了台湾一代青年学子。童孝贤、蔺燕梅、伍宝笙……这些名字伴随着他们的青春记忆。多年以后，这些学子中的一位歌手，黄舒骏，用一首《未央歌》及同名专辑，完成了向小说和作者的致敬。

汪曾祺和吴讷孙，都是没有西南联大毕业证的"肄业生"。

若园巷，翠湖边一条我找不着的小街，居然就这样和我们的当下产生了联系。七十年，五千里，也完全没有关系。纸墨之寿寿于金石，也寿于不断改换的地名和市容。

（有人告诉我，其实翠湖边没有若园巷，只有一条苍园巷。若园巷，是一个被创造出来的地名。）

朋　友

孔夫子训诫后世的中国人说："不友不如己者。"这句话的关键在于如何理解"不如己"。才强者必傲，反过来，才弱者多逊，才强者以气魄胜，才弱者以气度胜。两种人交往，若趣味相近，遭遇相似，往往能够相得益彰。反倒是一山不容二虎，才强者之间疏离、反目者，在在皆是。

据说李白与王维同居长安多年，却从无交往的记载。反而是比李白小好些年纪的杜甫，上赶着去崇拜李白、思念李白，虽然常常被太白戏谑，两人总算维持着不错的交谊。

闻一多与朱自清，情形与此颇为相似。

众所周知，1946年闻一多被刺后，朱自清在义愤与友情的双重驱使下，将余生中最宝贵的时间与精力都投入《闻一多全集》的编辑工作。他不仅花了整整一年时间来搜集遗文，编缀校正，还发动清华中文系全体同仁，分抄分校，连闻一多的一部分遗稿遭了水渍，他也亲自着人揭页、抄写。直到去世前两周内，朱自清还手抄了四篇闻一多的佚文，以补全集之缺。《闻一多全集》出版于1948年8月，出版之时，即是朱自清的死期。

但在赞美这伟大友情的同时，我们不要忘了相交的毕竟是两个血肉之躯。那些有点晦暗的细节，无损传奇般的交谊，却更能让我们理解他们当时的心境。

闻一多是诗人气质的,才华横溢的。他每每让我想起阮籍和嵇康,看人会分青眼与白眼。而朱自清是内敛的、低调的,内心常带有自卑与焦虑。

从演讲风格就可以看出两人的不同。闻一多年轻时口才并不佳,曾因演说成绩不好而降等,自此认为是"大耻奇辱",苦练演讲,在严寒的冬夜,一遍又一遍,终于成了一位"少有的天才的宣传鼓动家"(费孝通)。

朱自清则不然,他在五四运动时期便已加入"平民讲演团",嗣后从教近卅年,上课时仍不免紧张得时时"用手帕揩汗",一旦说错话,"总不免现出窘迫甚至慌乱的神色"(余冠英)。他上课时不大敢讲自己的观点,总是引述别人居多,曾有学生当面对此提出疑问。

为此,他的课经常选的人极少,他也常常为此忧虑。极端的情况,是只有研究生王瑶一个人来上课。有一日,朱自清到了课堂,发现王瑶没来,只好废然而返。

闻一多是李白,朱自清是杜甫。十多年中,两人性情相投,两家过从甚密,却也时有龃龉。从留到现在的文字资料看,伤害往往是发生在朱自清一面。

1942年8月29日,朱自清在日记里写道:"昨日闻太太问一多余任教授是否已十年以上?她想不到回答竟是肯定的。由此可了解闻家对我有什么印象!我将振作起来!"

有这样一团疙瘩横在胸中,会让人对琐事更加敏感起来。第二年的9月6日,闻一多的孩子不告而取,从朱自清书桌上拿走了四本书。朱自清显然将这一举动看作闻家对自己的蔑视,"忍之又忍",并且怀疑闻家孩子"并无全部归还之意"。18日,他的预想确认了,闻的孩子还来了三本书,却没有杰克·伦敦的那本。朱自清失望地记道:"想来那本书是丢了。"最让他不高兴的,是闻家孩子的态度,他是趁朱自清不在的时候来还书的,而且"只字未提丢书的事"。

可是,这些伤害并未影响到朱自清对闻一多的佩服,他的日记里照样充满了"晚间听一多演讲,妙极。非常羡慕他","一多未能来国文讲评课,甚遗憾"等对闻一多的赞誉。在对学问的虔诚,对才能的欣羡面前,个人的自尊,似乎总是退居第二位,虽然也不曾忘却。

闻一多被刺后,朱自清立即致信闻一多夫人,除了表示愤怒和遗稿出版事,他还慨然承诺:"学校方面我已有信去,请厚加抚恤。朋友方面,也总该尽力帮忙,对于您的生活和诸侄的教育费,我们都愿尽力帮忙……"

一死一生,交情乃见。

孔夫子还有一句话,是"其贤可及,其愚不可及"。这话后来被人用反了,变成了专骂笨伯的"愚不可及"。读读历史,看看周边,当会明白,闻一多的"贤"是有很多人努力,也会有人达到的境界,朱自清的"愚"却如清风雅奏,春梦易逝。这才明白为什么《朱自清纪念集》的题名,会是这样六个字:

最完整的人格。

粉　丝

当过北京大学英文系主任的温源宁，1934年有一篇著名文章 *Mr Wu Mi, a Scholar and a Gentleman*（《吴宓先生，一位学者和君子》），发表在《中国评论周报》的"亲切写真"栏目。劈头一句便是："Mr Wu Mi is like nothing on earth: once seen, never forgotten." 这篇文章有多种译本，这一句我还是喜欢林语堂的译法："世上只有一个吴雨僧，让你一见不能忘。"

我们现在看吴宓的照片，总觉得除了他自评的"其貌不扬"四个字外，也没什么可惊异之处。可是在温源宁笔下，他的形象却"奇绝得有如一幅漫画"："他的脑袋形似一枚炸弹，且使人觉得行使爆发一般。瘦削的面庞，有些苍白、憔悴；胡须时有进出毛孔欲蔓延全脸之势，但每天清晨总是被规规矩矩地剃得干干净净。粗犷的面部，颧骨高耸，两颊深陷，一双眼睛好似烧亮的炭火，灼灼逼人。——所有这一切又都安放在一个加倍地过长的脖颈上。他的身躯干瘦，像根钢条那样健壮，坚硬得难以伸缩。"

这样的描写很让吴宓本人生气，在日记里痛骂温源宁是"刻薄小人"，可是，温源宁给吴宓画的这幅肖像是有道理的。四十五年后，也就是1989年，西南联大肄业生汪曾祺在文章里回忆吴宓的样貌："吴宓（雨僧）先生相貌奇古。头顶微尖，面色苍黑，满脸刮得铁青的胡子，有学生形容他的胡子之盛，说是他两边脸上的胡子永远不能一样：刚刮了左边，等刮右边的时候，左边又长出来了。"在汪曾祺的记忆中，吴先生走路总是笔直的，匆匆忙忙的，似乎从没有逍遥闲步的时候。

这样的先生会给人一种古板道学之感，但认识吴宓的人都知道那是假象。温源宁说："他自认是一名热诚的人文主义者和古典主义者，但他的气质却是彻头彻尾的浪漫主义者。"在昆明期间，吴宓最轰动的传闻，是他用他那根黄藤手杖，将一家饭馆打得七零八落，只是因为该饭馆叫"潇湘馆"，吴雨僧先生觉得污辱了他心爱的林妹妹！

这种传说太夸张了。我还是宁愿相信汪曾祺的回忆：那家饭馆开在文林街和府甬道拐角处，是几个湖南学生集资开的——这样"潇湘馆"的名称就顺理成章了。吴宓怎么可能去打学生的店？但他确实提出了抗议，并勉强同意了一个折中的方案：饭店改名叫"潇湘饭馆"。

吴宓对《红楼梦》感情很深。他在哈佛大学学西洋文学，回国后一直在西语系执教，但他会开一门外系学生也可以选的课——《红楼梦》，据说很叫座，女生尤其多。"他一进教室，看到有些女生站着，就马上出门，到别的教室去搬椅子……吴先生以身作则，听课的男士也急忙蜂拥出门去搬椅子。到所有女生都已坐下，吴先生才开讲。"（《吴雨僧先生二三事》）这真是大家心目中的"贾宝玉精神"，虽然传说中陈寅恪是将吴宓比作"妙玉"，欲洁未曾洁。

总之，他看上去是一个相当纯粹的人，或者说，相当极端的人。

他是一个很好的友人，且不说60年代他千里迢迢往广州访候陈寅恪，也不说他在"文革"风暴最烈时还去信"中山大学革命委员会"询问陈寅恪的健康状况，我们甚至不必提王国维自沉昆明湖前，在遗书中委托他与陈寅恪代为处理书籍，只说1923年5月，朱君毅与毛彦文感情破裂，南京教育界倾力调解，吴宓不但穿梭其间尽心帮忙，事情告一段落后，他还出钱请所有人吃了顿饭庆祝……

慢着，倒一下带，吃饭，出钱，调解，教育界，感情破裂，毛彦文……对，正是毛彦文。这位只认吴宓是"较熟的友人"，吴宓却将几乎一生的爱情、家庭、名声、梦想都绑在她身上的女性。

与同龄人（毛生于1898年）一样，她的少年赶上了清末民初的女学勃兴，接受了初步的教育，她的青年时代赶上了狂飙突进的新文化运动，她当过女教师，留过学，在美国取得了硕士学位。这是一位独立自主的"新女性"。

尤其是，她的性格。毛彦文一生中，算得上轰动一时的事件，大约有四桩：

1914年，十六岁的她在花轿临门之际，逃离家庭，争取与表兄朱君毅的自由恋爱，"受尽江山舆论的责难与冤枉"；

1923年，朱君毅移情别恋，解除与毛彦文婚约，闹得南京教育界搅扰不宁，两人感情终于无法挽回；

1928年，吴宓以已婚身份，苦追毛彦文，"吴宓苦爱毛彦文，三洲人士共惊闻。离婚不畏圣贤讥，金钱名誉何足云"；

1935年，三十七岁的毛彦文嫁给六十六岁的前国务总理熊希龄，全国报章竞相报道，纷纷扰扰达数月之久。

毛彦文自己说，她在奉父母之命订婚时，毫不在意，反而因为"穿上新衣得意洋洋"，直到被人提醒：这意味着要与一个不相识的男人生活在一起，她才恍然大悟，坚决逃婚；

在她和朱君毅的解除婚约会上，教育界名流们纷纷发言，痛斥朱君毅见异思迁，反而是毛彦文自己忍不住说："请各位不要责备朱先生太多，今天的会是讨论如何解除婚约，不是向朱先生兴问罪之师。"惹得女学者陈衡哲大为生气，嚷嚷"我们大家退席，到现在毛小姐还维护朱先生"；

吴宓苦追她十余年，虽然行为荒唐，但用情之深，确实也感动了

毛彦文

吴宓样貌高古

许多旁观者。半世纪以来，颇有人责备毛彦文寡情，但毛彦文自己的认知是，她自己"平凡而有个性，对于中英文学一无根基，且尝过失恋苦果，对于男人失去信心"，即使勉强与吴宓结合，也会离婚；

她嫁给大她近三十岁的熊希龄，一方面是觉得他是"正人君子"，不至于喜新厌旧，另一方面，也未尝不知道熊希龄续弦，是在为香山慈幼院事业寻找一个继承人。面对这桩并无爱情基础的婚姻，新女性毛彦文还是答应了。

这是一个思路清晰、自制力很强、以理念指导生活的女性。未婚夫朱君毅留学美国六年，她坚持每两周一封信，即使后两年朱君毅以撰写论文为名，回信渐疏，毛去信也从未间断。事实上，朱君毅坚持解除婚约，除去另有年轻女性的诱惑，也未始不是觉得这位未婚妻独立性太强，太不好驾驭。

从留美幼童一直读上来，又娶了旧式女子陈心一的吴宓先生，撞上了这样一个独立自主的新女性，肯定会被她强烈地吸引。早在留美时，同窗好友朱君毅把毛彦文的每封信都给吴宓看，于是他眼见着一个文笔还不通顺的小姑娘，慢慢成长为一位有自己见解的独立女性，"很羡慕朱君毅有这样一位表妹"，要知道女弟子兼鸾侣，正是中国文人对理想家庭的传统想象，毛彦文就深知"吴脑中似乎有一幻想的女子，这个女子要像他一样中英文俱佳；又要有很深的文学造诣；能与他唱和诗词，还要善于辞令；能在他的朋友、同事间周旋；能在他们当中谈古说今。……不幸他将这种理想错放在海伦（毛的英文名）身上"。(《往事》)

朱毛闹分手，吴宓作为朱君毅挚交，又站在毛彦文的立场上极力挽回，以吴的贾宝玉性格，对毛彦文的怜惜、疼爱之情必定大增。朱毛虽然解除婚约，按照中国传统伦理，吴宓无论如何不该追求毛彦文，但他仍然一意孤行，还闹得沸反盈天。他可是一名人文主义的信徒，旧文化旧道德的守护者！他的对头胡适尚且能终身不二娶……吴宓很让曾经那么欣赏他的旧派人物失望。

而且，吴宓的性格又将周围的这种失望放大了。他觉得，不论之前是友是敌，胡适、沈从文这些老对头也好，李健吾、钱锺书这些旧学生也罢，都在对他"大肆攻讦侮蔑"，"实世事之最不公"，于是在日记里多次表示，恨不得自杀离世才好。

年轻时，他曾经与陈寅恪讨论各自有多大可能会"发疯"。吴宓说，他有百分之七十的可能，所以他一定要借助爱情或宗教，把性格中的毒素排解出去。也许就是因为这个，一个心地善良、为人拘谨的学者，一遇男女感情，会突然变成一名冲动决绝、不可理喻的狂夫。

抛开学问不谈，我常常愿意把吴宓归入"粉丝"一类。我知道这样说，会有很多人觉得唐突前贤。可是，粉丝那种无条件的喜爱与信仰,非理性的狂热与冲动,不正是浪漫主义者吴宓终生的姿态?他是老师白璧德的粉丝,虽然行为常常背离人文主义的原旨;他是朋友陈寅恪的粉丝,虽然不能像陈寅恪那样守志不辱;面对"理想女性"毛彦文,他不仅是粉丝,简直是杨丽娟了。谓予不信,来看 1939 年 7 月,熊希龄病逝后,吴宓想要再追求毛彦文,设计的方案:

> 为今之计,宓宜径即赴沪。先在港制西服,自饰为美观年少。秘密到沪,出其不意,径即访彦。晤面后,旁无从者,即可拥抱,甚至殴打厮闹,利诱威逼,强彦即刻与宓结婚,同行来滇。出以坚决,必可成功。即至越礼入狱,亦于宓无损。

这一年,毛彦文四十一岁,吴宓已经四十五岁。大家都是社会上有头有脸的知名人士,居然想得出这种计策,读书至此,唯有苦笑。

时光倒回到 1912 年,陕西来的乡下小子吴宓插班就读于上海圣约翰大学。他当时的学名是"吴陀曼",不知哪个促狭同学,在黑板上写了沪语谐音的"糊涂 man"三个大字。

一语成谶。

师　徒

1998年4月底,我去应北京大学中文系现代文学研究生面试。一位先生问了我一个照例要问的问题:

"现代文学的作家里,你喜欢哪几位?说五位吧。"

第一是鲁迅,第二是沈从文,显然这是很大众的选择,先生们微笑地看着我,等着我说出张爱玲或钱锺书。

"还有,丰子恺,嗯,李叔同……"

先生眉毛一挑:为什么?

我讷讷地有些答不出来。勉强搜寻、拼凑着词语:"丰子恺说,感动他的有四样事物:天上的神明与星辰,地上的艺术与儿童,他和李叔同代表着中国现代'美的教育'的实践……"

我把这对师徒合起来说了,因为,其时我对李叔同或曰弘一法师的事迹、文字,其实不甚了了。我对他们俩的这些印象,全来自小时熟读了无数遍的一本书:

《丰子恺散文选集》,丰华瞻、戚志蓉编,上海文艺出版社1981年版,定价0.91元。

这书中印象最深的篇什,又是那篇《怀李叔同先生》。第一次读到,我才九岁。我就这样,从丰子恺笔下,第一次认识了他的老师李叔同。

在中国现代史上,老师李叔同的名气、地位,都远超过学生丰子恺。学生是中国漫画的始作俑者，也是著名的教育家；而老师，在美术史、戏剧史、宗教史、教育史几方面，都有着无可替代的地位。

可是，我对老师最初的认知，一直的认知，都是基于学生那篇不足十页的回忆文字。《弘一法师年谱》《弘一法师书信集》《李叔同集》《弘一大师永怀录》《漫忆李叔同》……那么多自己的、他人的文字，都未必敌得过这短短一篇小文。一想起"李叔同"三个字，脑海内站起来的，仍然是《怀李叔同先生》所写的那个人。

那是丰子恺眼里的李叔同。于是，这师徒二人，在我的心目中，往往合二为一，这一个，只不过是那一个的镜像而已。

至今，我仍略带偏执地认为，丰子恺的《怀李叔同先生》，与萧红的《回忆鲁迅先生》，是中国现代散文中回忆恩师的双璧，笔端那别样的温情与崇仰，那真挚到近乎软弱的爱敬，一直要到汪曾祺追念沈从文的《星斗其文　赤子其人》出现，才有了第三篇。

我那时不知道的是，《怀李叔同先生》最初并不叫这个名字。丰子恺在1943年3月，老师去世后第一百六十七天写出的这篇纪念文字，刊发在《中学生》战时半月刊第六十三期上时，它的名字叫《为青年说弘一法师》。

米兰·昆德拉说，每个写作者心目中都有一批虚拟读者。你打算写给什么人看，就决定了你会以何种路径进入主题，以何种方式展开论述，又会得出何种结论。《怀李叔同先生》的感染力或许正在于，它是写给那时的"中学生"看的，是丰子恺借老师之死踵行老师未竟的教育志向。他想和青年读者们分享的，正是李叔同先生作为"师"的伟大之处。

坦白说，大部分人都不理解，以李叔同的风流蕴藉、倜傥多才，何以会突然于中年遁入空门。对此有些甚为荒谬的议论，即便在敬他爱他的亲朋之中也在流传。比如李叔同出家是在1918年,便有人说,倘若李先生忍一忍,到第二年,他便会参加轰轰烈烈的"五四运动",再也不会出家了。顺着这条思路推下去,李叔同的人生道路,便是"反映出知识分子选择道路的曲折性和悲剧性"。相较之下,"南社双僧"的另一位,由佛返儒的苏曼殊,反而更容易得到理解与同情。

我对被称为"内典"的佛家学说,半点不通,因为也不打算强作解人,去索解李叔同出家之谜。只是,像李叔同这种由天才转成"畸人"的例子,历代都有不少,唐寅、李贽、徐渭,都是这一流,非达到与他们一般的高度,或采用与他们相近的角度,是窥不透他们的步履所向的。"独恨无人作郑笺",人如文章,也需要注解,需要笺释,只是,有没有介于畸人常人之间的知己来担当此任,就要看那人的福分了。

有丰子恺这样的学生,大概就是李叔同几生修得的福缘。反过来,得师如李叔同,结二十九年师弟尘缘,更是常人无法企及的大造化。

丰子恺在《怀李叔同先生》里,讲了老师不少轶闻,中心意思只有一条:李叔同受人崇敬,是因为他的人格特点。而李先生的人格特点有二:一是凡事认真,二是多才多艺。

多才多艺这点,根本不消说。拿丰子恺的话说,"不但能作曲,能作歌,又能作画,作文吟诗,填词,写字,治金石,演剧。他对艺术,差不多全般皆能。而且每种都很出色,专门一种的艺术家大都不及他,要向他学习。"上天降生他,似乎是为了展示一个人可以精通多少种艺术的门类,而这样一个艺术全才,又是如何能将上述这一切才艺与爱好几乎全部放弃的。

李叔同在二十岁前后,便以才名享誉海上,他二十六岁去日本之前,填过一首《金缕曲》示友:

披发伴狂走。莽中原,暮鸦啼彻,几株衰柳。破碎山河谁收拾,零落西风依旧。便惹得离人消瘦。行矣临流重太息,说相思刻骨双红豆。愁黯黯,浓于酒。

漾情不断淞波溜。恨年年絮飘萍泊,遮难回首。二十文章惊海内,毕竟空谈何有!听匣底苍龙狂吼。长夜西风眠不得,度群生那惜心肝剖!是祖国,忍孤负?

《金缕曲》的名作,当然是纳兰容若与顾贞观那几首唱和,但这首也不遑多让,虽然多少带着南社诗词常有的颓唐与狂气,却大不同于那些借爱国吐怨气的时作。大约是可以比于鲁迅那首"灵台无计逃神矢"的,我以为。

还有后来那首《送别》,现代歌曲史上还有更洗练隽永的歌词吗?

春晖中学的弘一法师铜像

他到了日本,学画学音乐,与同好组织春柳社,用日语排演《椿姬》,那便是"断尽支那荡子肠"的《茶花女》。他自己演茶花女玛格丽特,丰子恺说"那照片,他出家时也送给我……现在我还记得这照片:卷发,白的上衣,白的长裙拖着地面;腰身小到一把,两手举起托着后头;头向右歪侧,眉峰紧蹙,眼波斜睇,正是茶花女自伤命薄的神情"。当年看这笔描述,让我何等心驰神往,不知是怎样一幅佳人图景!

我得承认,丰子恺太爱他的老师,不免有溢美之嫌,日后我也看到了李先生演茶花女的剧照,老实讲,他的眉眼并不适合扮女角,腰很细倒是真的。当年目睹者之一的欧阳予倩也说"只就茶花女而言,他的扮相并不好,他的声音也不甚美,表情动作也难免生硬些",这次演出反而激发了欧阳先生投身戏剧的决心,因为他觉得"倘若叫我去演那女角,必然不会输给那位李先生"。(《春柳社的开场》)

好在丰子恺写这一段,不是想夸老师长相俊美,而是要说明李叔同"最大的特点是:认真","他对于一件事,不做则已,要做就非做得彻底不可"。

李叔同出家时,将过去的大部分照片都送给了学生丰仁。抗战军兴,丰仁匆遽出逃,那些照片自然不及携带。丰仁在四川五通桥的客途中,得到老师在泉州逝世的消息,于是他以文笔作画笔,画出一幅幅记忆中的影像:

丝绒碗帽,正中缀一方白玉,曲襟背心,花缎袍子,后面挂着胖辫子,底下缎带扎脚管,双梁厚底鞋子,头抬得很高,英俊之气,流露于眉目间。真是当时上海一等的翩翩公子。这是最初表示他的特性:凡事认真。他立意要做翩翩公子,就彻底的做一个翩翩公子。

高帽子、硬领、硬袖、燕尾服、史的克、尖头皮鞋，加之长身、高鼻，没有脚的眼镜夹在鼻梁上，竟活像一个西洋人。这是第二次表示他的特性：凡事认真。学一样，像一样。要做留学生，就彻底的做一个留学生。

漂亮的洋装不穿了，却换了灰色粗布袍子、黑布马褂、布底鞋子。金丝边眼镜也换了黑的钢丝边眼镜。他是一个修养很深的美术家，所以对于仪表很讲究。虽然布衣，却很称身，常常整洁。他穿布衣，全无穷相，而另具一种朴素的美。……布衣布鞋的李先生，与洋装时代的李先生、曲襟背心时代的李先生，判若三人。这是第三次表示他的特性：认真。

李叔同的认真，贯于终生，在中国这样一个"差不多先生"（胡适语）充斥的国度里，难免会被认为是骇人的怪癖。有些传闻说他在日本时，与人约了10点钟见面，那人10点半才到，他就闭门不见。事实也许还要惊心些——当事人（仍是那位欧阳予倩先生）回忆说："有一次他约我早晨8点钟去看他——我住在牛込区，他住在上野不忍池畔，相隔很远，总不免赶电车有些个耽误，乃至我到了他那里，名片递进去，不多时，他开开楼窗，对我说：'我和你约的是八点钟，可是你已经过了五分钟，我现在没有工夫了，我们改天再约罢。'说完他便一点头，关起窗门进去了。我知道他的脾气，只好回头就走。"

他到杭州，经亨颐留他在浙江两级师范任教，李叔同开出的条件是：每个学生配一台风琴，以及专门的画室，否则不接受。经校长答应了。转过年，新生入学的丰子恺大吃一惊，这里有"特殊设备（开天窗，有画架）的图画教室，和独立专用的音乐教室，置备大小五六十架风琴和两架钢琴。下午4时以后，满校都是琴声，图画教室里不断有人在那里练习石膏模型木炭画，光景宛如一艺术专科学校"。李叔同此时在南京、杭州两地兼课，请假的时候不少，但他决不浪费课堂上每一分钟，必用的板书，一定在课前写好，两块黑板写得满满的。点名簿、讲义、教课笔记簿、粉笔，全部就绪。然后自己解开琴衣，打开琴盖，摆好谱表，琴上放一只时表，坐在讲台上等学生。这样的课，无人敢迟到。

他一生的知交夏丏尊，也常常谈起一桩往事：他们在浙江两级师范学校同事时，学生宿舍被盗，众人虽然有所猜测，苦无实据。夏丏尊身为舍监，深觉惭愧苦闷。李叔同给他出了个主意："你肯自杀吗？你若出一张布告，说作贼者速来自首，如三日内无自首者，足见舍监诚信未孚，誓一死以殉教育。果能这样，一定可以感动人，一定会有人来自首。——这话须说得诚实，三日后如没有人自首，真非自杀不可。否则便无效力。"夏丏尊当然做不到。只是，若李叔同是舍监，他做不做得到？我赌他能。

嗣后李叔同转而学道，入大慈山断食十七日。再变为学佛，终于出家，成为弘一法师。而且还修的是佛门中最难修的律宗。又是一桩轶事：弘一到丰子恺家，被请到藤椅里坐。他每次总把藤椅轻轻摇动，然后慢慢坐下去。起先丰子恺不敢问，后来看他每次如此，才敢启问。法师说："这椅子里头，两根藤之间，也许有小虫伏着。突然坐下去，要把它们压死，所以先摇动一下，慢慢地坐下去，好让它们走避。"

说到此，还有一件好玩的事。吕碧城是李的南社社友，后师从严复，是清末民初著名的女才子，当过天津北洋女子师范校长。她也学佛，在香港时买了一幢小洋房，却碰上白蚁为患，用药水打，必然伤及白蚁性命，不用药水，房子就有坍塌的危险。于是她写信给厦门普陀寺弘一上人，问他怎么办。

弘一法师的回信不知如何答复。他一定不赞成杀生，然而洋房楼下还有租户,不是吕女士一人之事。不久吕碧城就搬家了,或许是弘一的主意:杀之不忍,治又无方,只有"避"这一途。

少时看孟子讲"君子远庖厨",觉得老孟好不虚伪,你不进厨房,难道畜生就不被杀?后来渐渐明白,这是要保全自己的一份仁心。世缘难绝,俗念难破,不管是自己的还是他人的。丰子恺的商人亲戚看了李叔同的各时期相片,听了他的事迹,反应大抵是:"这人是无所不为的,将来一定要还俗!""他可赚二百块钱一月,不做和尚多好呢!"就算是丰子恺与夏丏尊,总算弘一的知己,在他出家六年后去杭州看他,为了表示虔诚,准拟吃一天的素,但进了杭州,"终于进王饭店去吃了包头鱼"。

不过丰子恺到底是茹素做了居士,或许是弘一的人格力量影响所致。而且,他发了愿心,要与老师合作《护生画集》。

这套画集,一共出了五集,前数年突然走红,出了几个版本。

师徒合作的《护生画集》

弘一诗，子恺画，都在突出动物界那活泼泼的生机，动物之间的亲情爱意。我读此书，屡屡不能终卷，因为知道自己是吃不了素的，看得越多，罪感越强。

打开与合上书卷之际，总能体会到这一对师徒的大慈悯。

李叔同出家后，名声依然响亮。述及的文字，不是讲他佛法精妙，就是说他平易可亲，只有丰子恺，能写出他心底剩留的思慕与悲欣。

1926年，弘一再访海上，特地去找他儿时居住的城南草堂，他对丰子恺说，在那里读书奉母的五六年，是"最幸福的"，之后到出家，则是"不断的忧患与悲哀"。

我没想到弘一出家八年后，还会有这样浓重的访旧的冲动。他走进城南草堂，"装修一如旧时，不过换了洋式的窗户与栏杆，加了新漆，墙上添了些花墙洞。从前他母亲所居的房间，现在已供着佛像，有僧人在那里做课了。近旁的风物也变换，浜已没有，相当于浜处有一条新筑的马路，桥也没有，树也没有了。他走上转角上一家旧时早有的老药铺，药铺里的人也都已不认识"。

这是他口述给丰子恺听的。在丰子恺的转述中，俨然一幅"昔我往矣，杨柳依依。今我来思，雨雪霏霏"的场景。其实这是弘一眼里看出的景。因为第二日，他又带着子恺去了，丰子恺的感觉是"今天看见城南草堂的实物，感兴远不及昨天听他讲的时候浓重，且眼见的房子、马路、药铺，也不像昨天听他讲的时候的美而诗的了"，尤其他们碰见了现在的主人：

> 里面一个穿背心的和尚见我们在天井里指点张望，就走出来察看，又打宁波白招呼我们坐，弘一师谢他，说"我们来看看的"，又笑着对他说："这房子我曾住过，二十几年以前。"那和尚又打量了他一下说："哦，你住过的！"

这样的故事,这样的文字,似乎是从《儒林外史》的尾章移出来的,里面蕴藏的悲哀,如同虎跑的泉水,满满一杯,扔个硬币进去,水立刻高出杯沿,但并不溢出来。

——弘一说,他那时去虎跑断食,原是贪那里的泉水好(断食规程,每日要饮五合泉水),并非为了有佛寺。然而竟在彼处定了出家的念头。

第二年,就是1927年秋天,弘一云游经过上海,到江湾丰子恺寓所缘缘堂小住。那是师徒二人最后一次小聚。我很喜欢那样的场景,份属师徒,却谊同兄弟,法师与居士,两位艺术家,曾经的教师与现在的教师,不太负责任的丈夫、父亲与最顾家慈爱的丈夫、父亲,他们在沪滨的黄昏中谈着话:

> 每天晚快天色将暮的时候,我规定到楼上来同他谈话。他是过午不食的,我的夜饭吃得很迟。我们谈话的时间,正是别人的晚餐的时间。他晚上睡得很早,差不多同太阳的光一同睡着,一向不用电灯。所以我同他谈话,总在苍茫的暮色中。他坐在靠窗口的藤床上,我坐在里面椅子上,一直谈到窗外的灰色的天空衬出他的全黑的胸像的时候,我方才告辞,他也就歇息。这样的生活,继续了一个月。

有一句话,解放后收入《缘缘堂随笔》时,《怀李叔同先生》里已经没有了,但早先的《为青年说弘一法师》里是有的。丰子恺是何等的偏爱他的图画和音乐老师啊,他写道:

> 我敢说:自有学校以来,自有教育以来,未有盛于李先生者也。

辑三

报人列传

扬州闲话

"二十四桥明月夜"的扬州,到了民国十六年(1927),早没了当年盐商云集、财货辐辏的盛况。平山堂前桃花渡,瘦西湖侧柳絮红,景物依旧,却向哪里去觅风流太守风流诗?前些年有个大小说家李涵秋,作一部《广陵潮》,专写民元后的扬州,才见得清角吹寒,都在空城,百代繁华,只剩得二分明月,与一座萧条衰败的旧江都。

几个月前,从江南哗啦哗啦地退下来许多兵,一气涌进扬州城,找房屋、征粮草,人欢马炸,倒是给素常清净的街道添了几分喧腾。只是家家紧闭门户,反显出这一份热闹的诡异。这些年,兵来兵往,马蹄都快把大街的青石板踏碎了,扬州人大约也麻木了。只要地方绅商维持得住,这些兵不至于烧城掠户,就随他们去吧。

有一个人不这样想。

此人叫许蔼如,是城东利源记当铺的少东,家境不错。许蔼如年轻时,曾经被家里送到上海读过两年大学,算是新文化人。回乡多年,日子倒也安稳,吃早茶,汤晚浴,平日常见他跑跑衙门,或者在街头握一管笔,往本子记些什么。然而人是很好的,遇见叫花子,照例是五六个铜元,家里生意虽不大管,也并没有坏下去。

这样一个人的名字,突然出现在县衙门前的告示上,打了红勾。

媒体如此报道这几天的局势:

1927年8月24日，北伐军在大胜关附近发现孙传芳军队乘坐大批民船渡江。从这一天起，十余万南北军队在长江两岸开始了长达七昼夜的血战。史称"龙潭之役"。

由于渡江中流遇袭，孙传芳虽有英国炮舰的掩护，仍然难逃一败，30日夜，孙军丢下一万余名俘虏和两万余支枪，溃逃回江北。经此一战，北伐成功，已指日可待。

南京政府有没有及时收到孙军渡江的情报，众说纷纭。但就在8月24日当天，上海《申报》、《新闻报》都用三号字在头版登出了"孙传芳军队即将渡江"的报道。掐算时间，报馆得到消息时，孙传芳军队的船只还没有出发。

许蔼如在上海读的是商科，但他对做生意兴趣不大。倒是每天读的《申报》和《新闻报》，让他对记者这个行当生出了羡慕之心。回乡后，他主动去信上海两大报，愿意担任两报在扬州的访员。

当时上海的大报将全国各地区通讯划分为几个等级：首都北京，自然是一等，天津次之，汉口、广州又次之。湖南河南这些南北交战的要地，不过是三等，小小一个扬州，既非战略重镇，亦非通商口岸，只怕要排到五等六等去了。许蔼如有没有新闻稿寄来，大报馆的编辑根本不会在乎。只有许大少自己，总觉得有乖职守，一个访员，找不到新闻，算什么呢？

孙传芳军队北撤，驻防扬州，百姓都怨气冲天，许蔼如倒觉得是一个机会。不过孙军驻防以后，扬州的邮电检查骤然收紧，有消息也传递不出去。等到孙军将要渡江的消息传来，许蔼如再也按捺不住内心的冲动，冒险跑到电报局给上海发了个电报，电文只有四个字"孙军渡江"。

许蔼如的电文究竟是怎么通过宪兵的检查的？谁也说不清。只知道渡江失败的第二天,就有人将许蔼如发电报的事,报告了扬州防守司令。

扬州防守司令刘士林,是孙传芳的外甥。他一听说这件事,立即下令逮捕许蔼如。许家在扬州,也算是有头有面的大户,许太太到处请托,可是军队的事情,谁敢拍胸脯?一直拖了四五天,最后由本城商会出面,三百多家商铺联名作保,刘司令才松了口。

许蔼如是被担架从县狱抬回家的,脊背被皮鞭子打得稀烂,人只剩了半口气。许太太哭得死去活来,旁边的人只顾劝:人回来就好,养伤要紧,吃一堑,长一智,将来莫再和背时的报纸打交道啦。

许蔼如的背伤还没有换第二遍药,孙传芳到了老河口。

刘司令把许蔼如发电报的事,一五一十报告孙传芳,还添了句话:"要不是许某发这个电报,南京政府不会早作预备,我们也不会败得这样惨!"

宪兵们把许蔼如从家里床上拖了出来,一直拖到老河口的河滩上,两挺机关枪不停地扫射,直到把许蔼如打成肉泥。孙传芳还下令,江边曝尸三日。

隔天,衙门贴出告示,告示上说,许蔼如充当奸细,出卖军情,现已依律正法,以儆效尤。

诛杀奸细,何代无之?不过,许蔼如与过往的奸细不同,他不是为了钱财(当时各地访员没有固定薪酬),也不是基于政治信仰。他的初衷,只是想尽"访员"的职守,为中国人刚刚熟悉的"舆论"贡献一点力量。

《大公报》复刊的创始人之一张季鸾这样评价从晚清到民初的中国报人:"中国报人本来以英美式的自由主义为理想,是自由职业者的一门。其信仰是言论自由,而职业独立。对政治,贵敢言,对新闻，贵争快，从消极的说，是反统制，反干涉。"

不同的是，中国报人没有英美同行的办报环境，一部中国现代舆论史，字里行间，不仅油墨濡染，更有血迹斑斑。许蔼如的事迹，若不是有位同乡偶尔记了一笔，还有谁会记得他？便是当年名震一时的报人，又有几位不是寂寞地留在史书晦暗的角落里？

教父梁发

我想写这个人的故事已经很久了。

他叫梁发,又叫梁阿发。一听就知道是广东人啦,爱阿不阿的。他的家乡离广州七十英里(也有人说二百里),不知道是粤东哪个县,总之比较偏远。家境贫寒,十一岁入学,只读了四年私塾,就来到省城打工。那是嘉庆九年(1804)的事。

他在广州当学徒,学的是画工和木版印刷。干了十余年后,一个洋人来问他,愿不愿意去爪哇国做几年活。他想了几天,好在还未

清末各省主教

梁发编纂的《劝世良言》

娶亲,去就去吧,家乡去那里的人也很多。这个决定改变了他的一生。

嘉庆廿四年,梁发回到家乡。可是他的身份已经大变,他刻了一些版,印成小册子,分送诸亲友。大家这才知道,梁发已经受洗入了基督教。大家还听说,他在爪哇帮着鬼佬教士刻书,但是和唐山的书不同,那是每月定期出版的,名字老长老长的。

梁发的行径很快被官府发现了,异端!逮捕,烧书,毁版,笞三十。那时洋人的势力远不如后来,但还是足以把他保出来,送回爪哇。梁发虽然吃了些儿苦头,却让洋老板看到了他的虔诚。四年后,他被聘为伦敦传道会助手,又四年,授教士职。就这样,地球上出现了第一个华人基督教士。

道光十九年(1839),梁发五十岁,他再次回到了广东。他死的时候六十六岁,十六年间,他目睹洋人在中国的势力一天天大起来,中国吃教的人一天天多起来。在后来的几年中,他隐约知道外面天下大乱,可是老迈的梁发不会想到,这场改变了中国历史进程的变乱跟自己有什么关系。

历史书上说,在梁发回国前两年,他1832年刊行的九卷《劝世良言》已经在广州等地流行。一位来广州考举人落第的秀才无意中得到了一本。回乡后,他得了大病,在病中细读了这本书。他又把这本书介绍给了他的朋友们。十年后,他们根据这本《劝世良言》建立了自己的政权——太平天国。

梁发当然不会知道这些。正如他也不知道,他在爪哇帮洋人做的那些事情,有着什么样的意义。在那个后来大家叫做马六甲的地方,他负担了一份中文杂志的刻印和编辑。他毕竟上过四年学,懂得中国人的想法,他来编中文杂志,效果当然比那些洋人要好。

他编的杂志叫《察世俗每月统记传》,如果后世的历史学家没有弄错,那是世界上第一本中文刊物。

1855年3月12日,梁发死于广州。这一年,"中国报业之父"王韬在上海墨海书馆当一名低级编辑,《申报》创办人美查还是个英国小混混,而未来的《申报》主笔蔡尔康刚刚两岁。我们还要等上十八年,才会诞生一个与梁发同乡同姓,凭一张报、一支笔胜过三千毛瑟枪的"言论界之骄子"梁启超。

胭脂扣

彭家世代为官,可官越做越小。到了这一代,只不过有个六品顶戴。在京城里,也就是个芝麻。

庚子年,太后和皇上早早就逃了。逃了?老佛爷先前下的旨,不是说要"死社稷"吗?她走了,剩下满北京城的老百姓让洋人糟践。

八国联军将北京划成了八块防区。彭家住的琉璃街,正在美国

八国联军占领下的北京

军队辖内。阴历七月廿五日午后,骤雨如注,门口来了四个避雨的美国兵!

男人站在客堂里,女人躲在门帘后,惊恐地望着那两个高鼻蓝眼的洋鬼子。他们似乎坐不住,先要水洗脸,家里只有冷水。洗完脸,他们开始逗彭家的孩子,拿一包碎银子,往小孩怀里塞,一边嚷着:"突打拉!突打拉!"

彭家老二懂一点新学,知道他们说的是"两元"。他走上前,往一个洋兵手里塞了两元钱,指指门外,意思说雨停了,你们走吧。四个洋兵看看银元,互相看看,咕噜了两句,突然一齐站了起来!

一个人守着门口,三个兵冲进了内室,顿时一片惊叫声。但是他们很客气,和每位女眷都握了握手,然后开始翻柜子、倒箱子。搜完了,还向主人点点头,鞠个躬。

跟着的一个月,美国兵隔三差五就上门骚扰,他们身边还添了个能说英语的福建人,一条街都被抢遍了,他们还打伤了好几个人。

彭老二想了一夜。天亮的时候,他作出了一个决定。

他单枪匹马来到美国兵营,要求见美军长官。一路上美国兵指指点点,似乎从没见过这么大胆的中国人。出乎意料地,晌午过了不久,他居然自己慢慢地走回了家,一边想:美国人还算文明。同时他又为自己的想法感到羞愧:感念侵略自己国家的人文明,好一个亡国奴!

几位女眷含着泪迎接这位当家人的生还。她们以为再也见不到他了。

第二天,美国领兵官戴理孙出了告示:中国商民可以预备胭脂水和煤油,贮于瓶中,若有兵丁入门,即以此水洒其衣上,痕迹显然,拭之不灭,以便究办。

自此至联军撤出,两宫还京,这一片再没有人家被洋兵骚扰过。

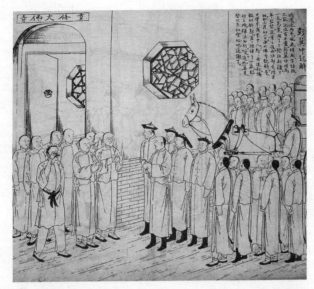

彭翼仲起解

彭家老二彭翼仲,在四年后办了一份《京话日报》,帮老百姓诉冤屈,教他们做一个好国民,努力让国家富强,还有,学习西方,把中国办成一个大大文明的国家。

警察故事

我是天津卫人,就在海河边上长大。庚子那年,闹义和团,我十八岁,洋兵攻陷了大沽口,全城一片火海,打家劫舍的数不清。

辛丑以后,换了直隶总督。新的总督姓袁,他任命了一位赵总监,让他办巡警。我左右在家吃闲饭,就报名当了差。上岗那日,赵总监给我们训话,他说:办好巡警,让人人守法,就闹不成义和团,咱中国就不用年年向洋人交银子了。

听说天津巡警办得好,太后老佛爷都知道,调赵总监进京当差,他特地禀明袁大帅,把咱们几百号弟兄都带了进京,也让天津巡警长长脸。

我分到五道庙。这地方原本荒僻,近年添了不少住户,可街道一年比一年烂,有时候下雨,马车洋车陷在道旁,得几匹骡子才拉得出来,路边的大坑还淹死过谁家的孩子。可算有家报馆挑头儿,出大份子,老百姓凑钱,要好好修修这条路。

修路期间,一切车辆不得通行。我和几个兄弟轮班站在南北街口值岗。

挺晚的天儿,又冷,站在风口真不是个事儿……昨儿下过雨,一踩一脚泥,路人都在骂骂咧咧……再有一个时辰,我就下班了,得到胡同口大酒缸喝个几盅,祛祛寒气。

一辆马车打转角驶了过来,并没有停的意思。

"停车!不知道这儿不让过车吗?"

马夫勒住马，看看我："这是报馆的彭老爷……""谁也不成！"在天津卫，达官爷我见得还少了？吓唬谁呢？

轿车帘子掀了起来，露出一张薄脸："这位兄弟，我知道这条街不让走车，可是我今儿个去拜客，穿的是礼服，地下那么脏……我就住在前边的京话日报馆里，几步就到，请你放行。"

我固执地摇摇头。赵总监说过，好巡警六亲不认。穿礼服就让走，老百姓的破衣服就该溅泥？

那人有些恼了："你……这条街是我出钱修的，你知不知道？今天偶然走一次，想来也没什么不行！"

我才吃了一惊：他就是彭先生？街上老少爷们儿说起他来，个个挑拇指，夸一声"仁义"。他办的《京话日报》，街边阅报栏就有，我也常溜几眼，上面常有穷哥们儿的投稿，都不收钱。这要搁平日，我一准儿上去恭恭敬敬请个安。不过今儿不行，他犯了条例！

我举手敬了个礼，嘛也没说，就是拦着马头不走开。

车中人叹了口气，撩开帘子下了车，马车勒转头，他自个儿深一脚浅一脚地往前走。说真的，我挺不落忍的，想找补句什么，没说出口。

第二天上岗，东头开茶馆王大爷正在阅报栏看报呢，一见我就嚷嚷："柱子！昨儿晚上是你当班吧？上报啦！"

彭先生在《京话日报》的头版用白话详细记述了昨晚的事，末了说："是我不对，赶紧下车。我还得把那巡警好好夸一顿。……向闻天津警察，办理大有名誉，巡警最关紧要，不可视为儿戏。"题目就叫《巡警尽职》。

王大爷冲着我乐："柱子，你得意啊！"我抿抿嘴，心里盘算着，也花三个铜子买份报，下次休假带回天津去，给我娘瞅瞅。

（文中"我"指警察）

救命钱

彭翼仲一生办报,有三次生死关头,这是第二次。

光绪三十年(1904)七月,《京话日报》出版。问问北京九城的老少爷们儿,什么是报?一准有人告诉你:洋报!福音堂里洋鬼子神父派的小册子,叫个甚《万国公报》,北河沿开洋货铺子的日本人、高丽人,看的那叫《顺天时报》,上面不印咱大清的年号,叫个"明治"!

那都是洋鬼子骗人的玩意儿。瞅着吧,等老团回来,把报馆都毁喽,办报的人,都咔嚓!砍头!

你给他说:这是咱们华人自己办的报,看报可以长见识,可以代游历,可以发财,可以治病,可以省钱……才卖三个铜子一份。白给也不要!

在街边树上阅报牌,见天儿贴上一份报,实指望大伙儿看成习惯,知道报是个好东西。没几天,报被撕了,阅报牌被拆烂,塞了哪家的灶膛。

报馆访员上各处地方去访事,谁都是捂着堵着……对你有利的事儿你怕人知道,对你不利的事儿你捂着干嘛?大公馆的门房,嗬嗬,出去,出去,跟赶狗似的。但凡跟报馆有点子来往,就有人背后戳脊梁骨:好好一个人,怎么就当了汉奸!

这报,它能不赔吗?

前半年,赔得一塌糊涂。有人说,是因为张数太少,印刷模糊,所以售路不广。好！老彭把家里住的房子抵押出去，还找亲家借了钱，添了新印刷机，每份报从四版改成六版。

到年底，还是赔。这年关，怎么过？

彭翼仲将箱底子翻了又翻，什么值钱的都没有……终于想起，老太爷留下一块钻石表，总可以抵个几百块的，虽说是老太爷唯一的遗物……太太说，在老宅呢，几个兄弟守着，一时半会想取出来，难！

要债的堵在门口呢。

想起一个人，吴幼舲。提笔写条子，以此物为质，求抵二百两银子。当物一时不可得，乞兄凭空暂借二百两。

信送出去。心下忐忑：这样子空手求人，靠得住么？大年下的，谁家不急用现钱？要是回报说没钱，债主子怎么打发？这报还怎么往下办？

一滴泪滴在空白信笺上，顷刻洇开。抓起一把裁纸刀，试了试锋，飞快。在墙上刻了八个字：子子孙孙，莫忘今夕。持刀，坐定，只等来人报一声没钱，就用它殉我的《京话日报》吧。

嗵嗵嗵，院门捶得山响。太太开门声，交谈声，脚步声。郭四响亮的嗓子："二老爷，吴老爷的钱借得了！"

转过年，《京话日报》继续出版，加赠附张，仍售三文。

发配新疆的理由

候补同知彭翼仲,庚子事变后突然弃官不做,于光绪三十年(1904)办了《京话日报》。这份报纸经常批评外国人,指摘朝廷弊政和不良官吏,同时极其反对义和团,也不喜欢南方的革命党。它的宗旨只是:开民智、开兵智、开官智。

1906年,《京话日报》已经成为北京影响最大的报纸,日销一万多份。彭翼仲又办了一份《中华报》,每日忙得不可开交。朋友介绍了一对日本的藤堂夫妇(其实丈夫是中国人,叫任文毅,娶了藤堂梅子后,改名藤堂调梅)来北京找他,彭翼仲就将他们安排在《京话日报》社的后院。一切都很正常,只是那个藤堂调梅,长得实在像一个人。这一点也没人在意,北方民众谁也不认识那个人,除了那些从天津就开始尾随藤堂夫妇的密探。

第二天,北京侦缉队长史伯龙来访。他和藤堂调梅大谈其天,话里话外都在套话。藤堂居然就顺着调子,大谈他此次来京,是要向朝廷上条陈,以挽回国运云云(都是疯话,此人在上海还自称是慈禧太后的私生子)。史伯龙辞去,不久就带人来抓藤堂。彭翼仲勃然大怒,坚决不交人。这下惊动了外城警察厅和民政部。他们会商的结果,认定藤堂调梅就是他们要找的人,于是先逮捕彭翼仲,再去抓藤堂夫妇。

孙中山!藤堂相貌风采,酷肖那位南方革命党党魁!可是毕竟只是像而已。藤堂调梅在北京有很多姻戚可以作证，何况藤堂已经入了日本籍，日本使馆出面，警察厅只好释放。怒不可遏的彭翼仲当然不依不饶，威胁要上诉都察院。北京报界也一齐发动，攻击警察厅非法逮捕报人，摧残舆论。北京警察厅擒虎容易纵虎难，知道一放彭翼仲，此人定不肯善罢甘休，加上平时就对《京话日报》怀恨在心，于是设下了一个陷阱。

他们将彭翼仲移到一所空宅看管，非常优待，还允许彭的小妾入内随侍，又派一名科员朱纶担任"陪伴员"。彭翼仲的小妾听说警察厅对彭意图不利，带了支手枪防身。没几天，朱纶向警厅禀报：彭翼仲不服讯问，擅自开枪，击伤警官。民政部立即具奏朝廷。很快，奉旨：彭诒孙（翼仲）着发往新疆效力十年，《京话日报》和《中华报》查封。奇怪的是，彭的罪名改成了"妄议朝政，捏造谣言，附和匪党，肆为论说"。看来，"孙文事件"只不过是一个引子。此事的主使，据说是袁世凯。

北京舆论大哗。很多市民天天看《京话日报》，早就把彭翼仲当成了好朋友，加上彭经常到戏园子里演说，认识他的人多得数不清。可是谁又能改变西太后的懿旨？起程那天，北京市民齐集大佛寺，达数千人，赠送程仪无算。还有一个《京话日报》的讲报人"醉郭"，自愿陪着彭翼仲发配新疆戍所。

这一去，直到辛亥革命成功，清廷逊位后，彭翼仲才被放归北京。他雄心犹在，复办了《京话日报》，但是人已经不行了。没两年，就将这份报纸交给了他儿女亲家梁济的儿子，梁漱溟。从后来当面抗争毛泽东的梁漱溟先生身上，依稀能看见他这位姻伯的影子。

这一段，我们说方言

现在的办报刊者喜欢讲"分众"，打的旗号是尊重读者的不同需求与自由选择。撇开大众传媒的欺骗性，这么玩总比八亿人民八个戏要好。回顾历史经验，若是媒体的分众策略彻底到自说自话的地步，可以证明这是一个王纲解纽、礼崩乐坏的转型时代。这样的时代咱们有过，那就是晚清。

其时媒体分众的最极端表现，是狂热地使用方言，以颠覆之乎者也的大一统体系。很多面对中下层社会的报刊，拒绝文言的稿件，欢迎纯净的白话，最热衷直接对各省民众的方言体。以此类推，用方言写啥的都有。有些作品，我只能用"后现代"来形容它们跨越语言和文体的大胆程度。

1905年日俄战争在中国东北爆发，各报争相报道，以上海《笑林报》的一则消息最让人过目不忘。这则消息，不但用白话填"词"，而且是用"白话"（广州话）填词。不但用方言填词，而且用词来报道时事！这首词的调子是《满江红》：

　　日本真狠，咁大胆居然开仗。何况佢俄罗斯国，恶成咁样。佢哋贪心人尽识，要将细国全行抢。又怎知今日被人欺，真冤枉。

　　攻旅顺，全力量，波罗的（舰队名），赶唔上。试听佢里面，

晚清的广州方言课本

隆隆炮响。兵卒几多都弹死,尸骸满地冇人葬。佢两家打得咁交关,都难讲。

不过这还只是偶一为之,真正交关厉害的是上海的另一家小报《方言报》,其特点是根据新闻的题材分别使用方言,有如下表:

朝报(京话) 舆论(官话) 市声(宁波话) 巷议(广东话) 情话(苏白)

几大方言萃于一纸,读者各取所需,才卖六文大钱。要说分众,没有比它更彻底的了。而且从中可以看出晚清人对各种方言特性和使用环境的定位。

李欧梵曾经发愿写一部真正的"双语小说",小说的语言在中文英文之间自由地跳跃。不过他在兴奋之余又很有些泄气,因为这样的小说怕读者也有限。所以阿英评《方言报》杂用各地方言是"优点在此,缺点亦在此"。这份报纸若是刊载一篇小说,怕会这样写:

夫人笑道:"老爷,咱们俩方才谈论过朝廷和日本开仗的国家大事，跟住又倾过隔离嘅妹仔同人私奔件事，接下去你我夫妻叙叙旧罢，耐勿要忘记讲苏白，阿好？"

这样的小说，我没有见到，但是晚清小说里有的是叙述用官话，对话用方言(《海上花列传》、《海天鸿雪记》)，有的是官人讲京话，妓女操苏白(《九尾龟》、《人间地狱》)，所以这样"众声喧哗"的文字，大概也是"事或云无，理所必有"的东西。

偷新闻的人

光绪初年,上海滩头,同城报战,如火如荼。主要是两报对峙:《申报》与《字林沪报》,史称"上海德比"。

两种报都是英商的字号,各为其主,又恩怨甚深。《字林沪报》的主笔蔡尔康,就是申报馆出身,从一个小编辑一直爬到主笔的位置(在当时的洋报馆,华人最高也就到这份儿了),在报界风头无两。可惜后来跟申报馆账房闹翻了,愤然离开就职八年的《申报》,跳槽到正在筹办的《字林沪报》任主笔。

这样一位人物,自然处处跟《申报》别苗头,《字林沪报》发刊一个多月,正好碰上朝鲜壬午政变,中日两国矛盾激化,这是天字第一号的大新闻。《字林沪报》虽然刚创办,它可是背靠着大名鼎鼎的《字林西报》,外电外稿,两份报是同时刊出。《申报》没这个优势,时效性差了好多,一下子就被《字林沪报》抢了风头。紧接着中法战争爆发,《申报》立志打个翻身仗,辟出"越南军情"专栏,特派记者前往越南前线报道。可惜当时的法军和现在的美军一样,不知道为什么,把中国去的随军记者赶了

《字林沪报》

回来。《字林沪报》没派记者,就靠着路透社的电讯,报道比《申报》深入,分析也比对手透彻,这一场德比,《申报》又输了。

终于盼到战争结束,和平降临,《申报》的机会来了。这一年是乡试之年,全国举子云集北京,牵动全国。《申报》在北京驻有专员,乡试一发榜,立即用电报发送全部榜文,报纸上特意标明"本报馆自己接到电音",得意之情溢于言表。蔡尔康当然不愿吃这个瘪,可是自己报纸的洋老板不理解科举对于中国读者的意义,根本不肯花这个钱!

蔡尔康没辙,自个儿想招吧。他的招数是中国人的传统法宝——送钱。他买通了《申报》馆的排字工人,都是熟人嘛。每天工人下班,偷一份清样给蔡尔康,第二天《字林沪报》原样照登。问题出在《申报》有电码译错的地方,《沪报》也跟着照错。申报馆马上加强戒备,门警森严,报纸不出街,根本不让任何人出馆!蔡尔康,接着想辙儿吧。

好个蔡尔康,一计不成,又生一计,他去买通了电报局的电报生,要他们收到申报北京来电后多留一份。申报馆总不能把电报局的人也关起来吧?当然,此计也不能长久,人家不会把电报明码改成密码吗?再往电报局一告,这条路也断了。

蔡尔康太想赢了。这回他买通的是上海报贩的头目。他将自己的报纸编好后,留着头版的位置,不发。等报贩将凌晨领到的第一份《申报》火速送来,再抢排付印。虽然比《申报》晚些出报,到底报上的新闻不会晚上一日。

茅招?你说这些都是茅招?蔡尔康被同行称为"当日报界之人杰",你以为是凭的什么?

一堂新闻营销课

同学们，静一静，上课了！我们继续讲上海报业竞争史。

上海滩上的中文报纸德比，就像王小波记忆中的十次路线斗争，其中一方总是《申报》，另一方是谁，则需要死记硬背。这一次出场的是美商经营的《新闻报》。

《新闻报》算不得生逢其时，之前《申报》、《字林沪报》几乎已将上海小小的读者市场瓜分殆尽。尤其是《申报》，树大根深，在内地它几乎就是"报纸"的代名词。《新闻报》能够挤进来站稳脚跟，靠的不是优秀的主笔和访员，而是它的CEO斐礼思。

斐礼思之所以能取得成功，得益于他的营销策略，也就是说，怎样把新闻"卖"出去，而且卖得比别人好。在三年之内，他实行了《新闻报》营销计划的三大步骤，使《新闻报》很快就获得了上海三分之一的报纸市场。这三大步骤是这样的：

第一步，低定价，高速度。当时《申报》卖十文，《字林沪报》卖八文，《新闻报》只卖七文。《新闻报》还雇用了一批失业的贫民和儿童沿街卖报。后来的新闻业发展证明，雇用报童是一种极易奏效的销售方式，他们会钻遍大街小巷，用各种惹人同情或引人注意的方式换取市民口袋里的铜板。《新闻报》的另一发明是雇用专门的挑夫和快艇运送报纸，这样该报送到长江三角洲各市的时间就比其他两份大报快了一天，一下子就打开了苏州、无锡、常州、镇江等市场。

《新闻报》

第二步，争取广告客户。当时上海最大的广告客户是各戏园子，很多人买报就是为了看上面的戏目。但是那些戏园的老板只相信《申报》，连《字林沪报》都无法取得这一份额。《新闻报》刚出版时，斐礼思派人到各戏园抄录戏目，打算免费刊登来扩大影响。谁知戏园老板根本不肯向《新闻报》提供戏目。斐礼思一气之下，干脆命令排字工人将戏目随机乱排，按日刊登，这下造成了上海观剧界的信息混乱。各戏园老板不得不请出有头有面的白相人跟报馆讲和，不但每天抄送戏目，还定期缴纳广告费。

第三步，制造新闻迎合读者口味。中日甲午战争爆发，自然形成了当年最大的新闻热点。上海各报纸主要依据头天的外电报道战况。中国读者当然希望中国胜利，可是每天的外电译稿都表明中国军队节节败退，就有读者来信指责《申报》"助敌"，还有人出钱要求刊登"倭寇大败"的新闻。斐礼思在此关头展示了他的商人本色，他命令本报编辑杜撰清军胜利的消息,以及清军用"夜壶阵"打败日军之类的"战地趣闻"。于是《新闻报》在中日战争期间制造了一个奇迹,每天的报纸不到中午就卖完,第二天增印昨天的旧报纸,仍然一抢而空。

好了,今天的课就上到这里。布置的思考题是:从斐礼思的办报策略看中国报业集团的发展方向。下课!

何处是我笔友的家

广西才子马君武,晚清末年在江南搞革命,结果被两江总督端方发现,端方这个人很有意思,不关也不杀(大概也因为马君武是官僚家庭出身),只是逼他到德国去学工业。这倒成全了马君武,不然他后来哪有资格译托尔斯泰《心狱》(即《复活》)、卢梭《民约论》和拜伦《哀希腊》?

马君武早年曾拜在康有为的门下,光绪廿七年(1901),他到日本留学,跟康门弟子过从甚密。大师兄梁启超带头办《新民丛报》,马君武偶尔也写写稿,但是懒,稿少。同门都拿他没办法。

忽一日,看见《新民丛报》上发了一首诗,署名是广东某女子。编者大大把这首诗称誉了一番。想来真是不错,因为马君武跑去编辑部,问能不能见见这位女士。编辑中有一位罗普,也是"康门十三太保"之一,说:"是我的表妹。就快来日本留学啦。你想认识,可以先介绍你与她通信。"马君武立即赶做八首七律,托罗普寄给表妹,顺便在《新民丛报》发表。这八首诗的第一联很是传颂一时:"憔悴花枝与柳丝,为谁颦断远山眉。"

罗普答应帮他的忙,条件是要他为《新民丛报》多写稿。冇问题啦,广西佬一口应承。从此勤奋万分,源源不断。隔几天,罗普转来表妹的回信,还有诗哩。马君武狂喜狂喜再狂喜,要报恩兼立功,所以今天我们翻《新民丛报》,马君武的文章真不老少。

表妹很重然诺,过了一阵子,不但有信,还附了照片,长得……反正没让马君武失望,而且听说表妹即将乘船来日本,马君武立即回寄自己玉照一张,还有许多日本的名牌细点。罗普趁机讹诈他:"写稿不多,表妹来了不介绍给你!"马君武老老实实,好好好,听命就是。

马君武回去,一面努力写稿,一面苦苦守候。忍不住,去信问罗普表妹几时到。罗普随口说:"已经到横滨了。"马君武连夜赶到横滨,找到罗普要人,罗普说稍缓,马君武非见不可,最后几乎要动拳头了,罗普才不得不承认:我就是表妹,你的柳丝花枝,只是镜花水月!这都是我要约你写稿,想出来的妙计。得罪,得罪,小弟该死。

马君武一气非同小可,想想自己的心血文字,血汗银钱,实在冤枉,还是要问清楚的:"到底照片上的女子是谁?"哪还能是谁?随便一个广东的名妓喽。那……那我买的名细糕点呢?被几个从国内来的朋友分吃了,大家还说,这是你的"柳丝饼"和"花枝糕"。

后来怎么样?我不太清楚。据说马君武从此不跟康门弟子往来,反而联合了章太炎,发起"支那亡国二百四十二周年纪念会",从维新派变成了革命党。后来更加入了同盟会,任秘书长。一个玩笑改变了他的一生?嘘,别瞎说,我也被笔友还有网友骗过,你看我能成马君武吗?

黄远生上条陈

黄远生，民初名记者，《庸言》主编，《申报》、《时报》特派通讯员，撰写通讯脍炙人口，轰传一时，甚至有人说"我国报纸之有通讯，实以黄远生为始"。

1915年，袁世凯筹备帝制，聘请黄远生为御用报纸《亚细亚日报》主笔。黄远生不愿意，于9月3日逃出北京，在上海发表声明否认此项聘任。11月中旬，黄远生买舟赴美。12月27日，美国旧金山，他在回旅馆的途中，中枪殒命，凶手未获。

死讯传至国内，黄远生生前友好纷纷指责袁世凯利用不成，杀人泄愤。不过，后来的消息却让他们一时哑然。原来杀黄远生的是当地爱国华侨，他们以为黄远生是袁世凯的走狗。

误杀！无可奈何的亲友只好含泪为黄远生收集遗作，开会悼念。林志钧、张东荪为《远生遗著》作序，极力辩白黄远生是"我们的反袁同志"。

案情并未结束。解放后，在清查北洋政府档案时，发现了黄远生于1913年7月上大总统的一份条陈，略谓："宜由警厅组织特种机关，专司检阅报纸，从法律干涉，并择要编辑为侦探材料。一面组织新闻通讯机关，整齐一切论调、纪事等语。"这很让历史学者吃惊，研究者也只好承认这是黄远生被袁世凯利用的明证。

表面上看，这个条陈是在主张舆论专制，其实呈文的关键在于

"从法律干涉"五个字——黄远生一向主张中国应当实行"法治",他说,法治之国,绝不容许个人的势力存在,新闻当然也必须受法律的规范,黄远生曾经愤愤地对好友林志钧说:"新闻记者须尊重彼此之人格,叙述一事,要能恰如其分,调查研究,须有种种素养,同时号称记者的这些人,哪一个够得上这个资格!"他说,在这个时代从事新闻,真是"一大作孽事"。

也因为"从法律干涉"这五个字,这份条陈根本未被袁世凯采用,可以直接用收买和暗杀的,何必用法律?

黄远生希望新闻能够规范,他也正死在"新闻不规范"上:杀他的华侨正是信了当地报纸的谣言,才拼死要剪除黄远生这个"袁党分子"。在民初的舆论环境里,要求"新闻法治",可不是痴人说梦吗?

我的野蛮同行

民初报界是个奇妙的场域。因为没有报律,有人说那是"报业的黄金时代"。不过,内斗很厉害,打人踢馆的事常有发生。以下这桩算是最有名的。

1912年7月5日晚,北京《国风日报》同盟会干事白逾桓、《民主报》同盟会干事仇亮、《国光新闻》同盟会干事田桐,以本日北京《国民公报》所刊时评,称南京临时政府为"南京假政府",率领同盟会系统的《民主报》、《国光报》、《民意报》、《女学报》、《亚东新报》等七报工作人员二十余人,前往国民公报报馆问罪,将该报经理徐佛苏、主笔蓝公武殴至"口鼻流血,面青气喘,两足跟筋露血出"、"内外受伤,咯血不支",并将承印该报的群化印书馆全部捣毁,营业损失达三千六百余元,连带该馆承印的数家报纸也被迫停刊。

此案引发震荡极大,中外报纸无不详细报道。消息发到伦敦、巴黎,也引起了轰动:报界同行互殴至于如此激烈,还真是有新闻纸以来少见的事例。

虽然同盟会七报事前约定,此次行动不以同盟会名义,而是"报馆打报馆",可是明眼人一看就知道,分明是同盟会系对进步党系机关报《国民公报》的政治恐吓。有人推测,这是同盟会企图阻止立宪运动领袖梁启超回国与同盟会争权的手段之一。

很多老同盟会员刘揆一、胡瑛等都对这种暴力行为不满,章太炎更是直称打人者为"暴徒"。不过,孙中山对此事不表态,明显是采取默认态度。

在孙中山看来,革命要想成功,必须有"健全一致之言论",他曾经半带恭维地对记者们说:"舆论是事实之母,而诸君是舆论之母!"在另一个场合他表示:言论自由不是谁都可以享有的,"忠于帝国主义及军阀者皆不得享有此等自由"。

同盟会的思路很明确:要"引舆论为一途",就不能允许不同的声音出现。警告异端,有时是口头警告,有时是拳头警告。殴人毁馆之后,同盟会七报反而率先提起诉讼,指控《国民公报》"反叛民国,破坏约法,罪据昭然,警厅有捕拿之责任,检查厅有提起公诉之职务,人民有告发之特权"。

此事后来不了了之。最高兴的是大总统袁世凯,他一听说这件事,立刻吩咐秘书处,将每天的报纸分党派进呈,让他可以掌握不同党派之间的斗争状况。

结婚启事

湖南都督谭延闿,自打辛亥反正以来,从未像今日这样头痛。在公事房耗了大半天,连午饭都没吃。好容易人散了,谭都督踱进内堂,一面摘帽子,一面用手巾擦额头。春寒料峭,他倒急出一脑门汗。

"太太,这湖南的官不好当啊,"他忍不住向夫人发牢骚,"一边是本省女权领袖,一边是长沙官报主编,谁也不服谁,叫我这个都督夹在中间做磨心!"

谭夫人给他倒了一杯茶:"听说今天是唐群英在前边闹?"

"唐群英你还不知道?那是女界革命第一人!去年本党成立大会上,就为了国民党不接收女党员的规章,冲上台去,给了秘书长宋教仁一个大嘴巴子!她回湖南搞女权革命,我就知道麻烦少不了,可没想到会出今天这当事!"

"那到底是什么事呢?"夫人也动了好奇心。

"说来好笑,前两天的《长沙日报》上,登了一则'唐群英郑师道结婚启事',时间地点,说得有鼻子有眼的,谁料到,子虚乌有,完全没影子的事。"

"啊哟,那是不对,人家四十来岁一个寡妇,名节还是要的,怎么能造这种谣,往人身上泼污水?"

"唐群英带人找上门去。但是《长沙日报》主编傅熊湘不认这个账,说广告是议员郑师道直接送登的,他们对广告内容不负责任——郑师道,神经病!唐群英犯不着跟他怄气,就只好找报馆的晦气。"

"所以他们就闹到你这儿来啦?"

"嘿嘿,直接上这儿来倒好了!那些女子参盟会的人,可是省油的灯?傅熊湘一言不合,惹恼了她们,一声令下,打得长沙日报馆雪片也似,编辑室一塌糊涂不说,排字房的机器和字盘也全部打烂了。我在公署还纳闷呢,今日的报纸怎么还不送来……他们就吵上门来,唐群英要求报馆赔偿名誉损失,报馆要求唐群英赔偿经济损失,一帮男女在我这吵了一上午,吵得我头都晕了!"谭都督一口气喝光了杯中茶。

夫人小心翼翼地过来续水。"这事儿……最后怎么说?"

"嗐,我也难办哪!做好做歹,从公署税款里拨了两千元给长沙日报,才算了结。"谭都督闭上眼,疲惫地仰了仰头,又睁开眼,"唐群英说,她们女子没有舆论工具,才会被人这样欺侮,她们要办一个《女权日报》,跟《长沙日报》唱对台。到那时,你再看好戏吧,太太!"

对抗舆论

《新青年》第三卷第三期上有一则通信，颇有意思。来信人叫李亨嘉，他向编者提出一个问题：为什么《新青年》要主张中国宣战？

正是1917年初，欧洲大战如火如荼。亲日的总理段祺瑞要求中国参加协约国作战，反对的人很多，因此还酿成了黎元洪和段祺瑞之间的"府院之争"。社会舆论也分成两派，各持己见。不过，反对派意见居多。

李亨嘉在来信里阐述了反对宣战的理由：对德宣战虽然符合"公理"和"正谊"，但是这些并不是一国外交的出发点。比如说，一年前日军在郑家屯和中国军队发生冲突，咱们为啥不开战呢？还不是实力不如人吗？以中国的实力，即使加入战团，也只是提供些工人粮食而已。他打了个比方：甲乙两人打架，丙正好路过，被甲打伤了，而且事情起因是甲无理，于是丙就向甲宣战。可是丙是一个病夫，只能站得远远地向甲投掷一些木屑草头，这对于甲有什么损害？

至于中国宣战的坏处，李先生说，会助长国内的仇外情绪，而且中国老百姓自甲午、庚子、辛亥、丙辰，连续遭受战争之苦，一听开战，市面马上就会陷入恐慌萧条之中。民意，他写道，民意是不主张宣战的，宣战只是少数执政者的意思。贵杂志"代表舆论"，正应该极力反对啊，怎么反而赞成呢？

平心而论，李亨嘉的话有一定见地，后来的事实证明参战对中国的利益帮助不大，反而搞出了一个五四运动。这都没关系，谁又能预见未来呢？有意思的是编者对这封信的答复。

主编陈独秀答复一如平日的剀切，总结起来，一共有三条：

（一）对德宣战，不是想得赔款，也不是报旧怨，更不是主张公理什么的，而是要为中国争得一点弱者的生存空间。既然和德国绝交，已非中立，与其骑墙，不如宣战。

（二）不喜欢战争是中国人最大的病根，所以几千年来只配当奴隶，图一时之苟安。所以要以民意决定外交方针，我们绝对不敢赞同。陈独秀还引申说，如果什么事都决定于多数，您看吧，留辫子、裹小脚、复科举、辟帝制，难保不会都有多数人赞成。

（三）谁说本杂志代表舆论？本杂志的宗旨，就是要反抗舆论！

这份答复充满了上个世纪精英知识分子真理在握指点激扬的狂放心态。We are the best，说什么都白搭，而且不怕告诉你老实话，咱们图的是中国的利益，"非以主张公理拥护公法也"！

现在这号人没有了。随便哪个报纸杂志编辑部的门，一脚踢开：一屋子打工仔。还不包括那些SOHO的。

薛大可下跪

薛大可这个人，不大被人瞧得起。

想当年，他也是热血少年。民国元年跟着杨度创办《亚细亚日报》，既骂孙中山，也骂袁世凯。南京实行报律，他反对，湖南颁布报纸暂行条例，这个湖南人骂得比谁都凶。

斗转星移，一心当帝师的杨度组织筹安会，为帝制复辟摇旗呐喊，小兄弟薛大可自然成了袁党在舆论界的主力，《亚细亚日报》被人称作"元勋报"。袁世凯登基，各团体上表称贺，薛大可在贺表中首创"臣记者"三字，腾笑天下。

《亚细亚日报》打算在上海开办分社，不料数日之内，被人连投了两颗炸弹，连新任主编都被炸死，只好关门大吉。

袁世凯死后，薛大可被列为帝制罪人之一，幸得继任的黎元洪和段祺瑞都不大追究。歇了一段儿，他又出来办报了。

再出场时，已是民国十五年，张宗昌张大帅进京掌了权。

8月6日清晨，薛大可被一个电话吵醒。家里仆人听见他穿着睡衣，对着电话大吼："什么？！他们真抓了少泉？！"少泉即林白水，张宗昌进京后，林主持的《新社会报》一直抨击张军不守纪律，远不如冯玉祥的国民军，又得罪了张的心腹潘复，这个结果，不算意外。

随即呼车，急驰往张宗昌官邸。杨度同时抵达。

张宗昌牌局未散，虽然传令接见，却是一脸冷笑。任由杨薛两人百般劝说，全不理会。

薛大可急了，双膝一屈，长跪不起，声泪俱下："大帅，少泉实不可杀！若杀此人，报界人人自危，首都民心尽失，连外国人都会指责大帅钳制舆论。某等乞留少泉一命，非为少泉惜，实为大帅全誉耳！"

张宗昌有些动容，杨度赶紧再加些盐醋，终于大帅松了口："那就把'立即执行'改成'犹预执行'吧！"（犹预执行，即缓期执行）

如蒙大赦，杨度急忙寻纸笔来起草命令。薛大可揉了揉膝盖，跪久了，得慢慢往起站。

林白水的命还是没能保住，命令到时，宪兵司令王琦报告：半小时前枪决已执行。

外间有人评论说：薛大可生平有两跪，一跪袁世凯，再跪张宗昌。前一跪足以把他打入十八层地狱，后一跪，能把他拔上来五层！

萍水相逢

邵飘萍，男，四十岁，1926年4月26日执行枪决。林白水，男，五十二岁，1926年8月7日被处决于天桥。

一个是《京报》社社长，一个是《新社会日报》社社长，都是民国初年新闻界的风云人物。死期前后相距不过百日，时人称为"萍水相逢百日间"。

邵飘萍白手起家，承继黄远生的位置，担任《申报》、《时报》驻京通讯员，后手创全国第一家华人通讯社"新闻编译社"，1918年创立《京报》，自称宗旨为"必使政府听命于正当民意"。邵飘萍锐意进取，联手北京大学创设中国第一个新闻学讲习班（毛泽东即当时学员之一），又分设《京报副刊》、《莽原》等二十三个副刊，一时势头无两。

据新闻史家考证，邵1925年加入中国共产党，则奉系宣判邵飘萍的死罪"勾结赤俄，宣传赤化"并非诬指。

邵飘萍这样办报，哪个政府会有好颜色看？好在他为人非常机警，风声不对，轻则遁入洋人开的六国饭店，重则逃到天津、上海租界，实在不行还可以东渡日本。屈指算算，十四年间，邵飘萍两度游日，三次被捕，坐牢九月，最惊险的一次，还是仿了蔡锷将军的故智，请八大胡同里的相好姑娘假扮夫妇，才得以逃出生天。

此次奉系军队进京，邵飘萍晓得情势不对，早早逃进六国饭店。不过住在洋人饭店，形同自我隔离，滋味并不好受（经历过"非典"

邵飘萍在天津

隔离的朋友,可以揣想仿佛)。邵的好友包天笑说,邵飘萍是个好享受的人,逃难上海时,尚且要住最高级的大饭店,而今离家不过数里,怎耐得如此寂寞?

他开始偷偷溜出去,回家,不过不敢久留,直到碰上了"夜壶"张三。

这张三是一家野鸡报社的社长。有人说他是奉命诱捕,有人说他只是胡吹大气,总之是他向邵飘萍保证风头已过,没有事了。邵飘萍一辈子判别新闻,这次漏了眼,他相信了这条消息,收拾行李搬出使馆界。

立即就有侦探盯上了他，不几天，邵飘萍的死讯即传出，下令执行的，是北京警备司令王琦。

有头面人物去质问王琦，王琦推说是少帅张学良的手令，又去质问张学良，张学良说是王琦自做主张。"九一八"的谜案，在此先预演了一番。

"夜壶"张三后来因为孟小冬妒杀案死于非命。北京人都说，这是他造口孽的报应。

萍水相逢

林白水

1926年一个夏日的清晨,天桥春茗园茶馆的小老板唐振宇还在酣睡,蒙眬中听见窗外有人高喊:"枪毙人了!"他一骨碌爬起来,奔到天桥早菜市场,"见七八个宪兵从一辆人力车上拽下一个穿白夏布大褂的白发老人。老人被宪兵簇拥着推上垃圾堆坡上,身子尚未立稳,枪就响了,老人倒在地上",他跑到老人身边,见到"躯体尚在颤动"。

被杀的是《新社会日报》社社长林白水,罪名是"通敌有证"。

林白水在清末以"白话道人"名世,主编过当时影响最大的白话报纸《中国白话报》,还和蔡元培、刘师培一起主编《俄事警闻》、《警钟日报》,民党元勋里,林白水也有一席之地。

入民国后,林白水当过国会参议员。不过他很快就厌倦了直接参与政治,对朋友说,国会"旋仆旋复,直同儿戏",还是办报痛快。段祺瑞执政时期,他主理安福系(等于是执政党)的机关报《公言报》,俨然北方报界领袖。

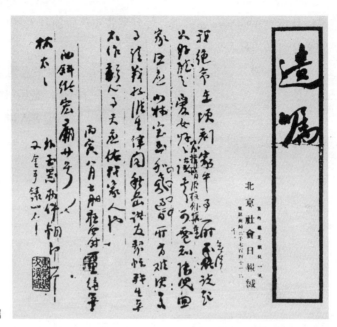

林白水的遗嘱

那时的北方报纸，绝少不从政客手里拿钱的，林白水当然也拿，不过他拿钱之后，该骂的照样骂，《公言报》是皖系的机关报，但《公言报》第一个揭露的就是皖系议员陈锦涛贿赂议员，不久又揭露段祺瑞结拜兄弟许世英在津浦租车案中舞弊，弄得段祺瑞也十分头痛，北京政界人人侧目。林白水后来为此不无自得地说："《公言报》出版一年内颠覆三阁员，举发二赃案，一时有刽子手之称，可谓甚矣。"

皖系倒台之后，林白水继续办《新社会日报》，也许是资格太老，林白水在报上骂人，从来全无顾忌。读者拍手称快，被骂的人当然恨之切骨。

奉系入京，林白水仍然坚持他的风格。《新社会日报》的"社评"公开指出：奉军的军纪太坏，远不如刚刚撤出北京的冯玉祥军。这已足以让奉系军阀暴跳如雷了,等到骂张宗昌跟前红人潘复为"肾囊"的文章出来,有人悲叹:林白水的死期近了。

林白水被杀得很急,因为执行者知道会有很多人为他说情。张宗昌被杨度、薛大可等人缠不过,签发了缓刑令,宪兵司令王琦却报告:枪决已执行。此时距林白水被捕才四小时!也有人说,王琦奉潘复之命谎报,缓刑令下达后两小时,林白水才被枪决。

听花捧角儿

听花,原名辻武雄,一听就是日本人。他是《顺天时报》的副刊编辑。

《顺天时报》是日本外务省的机关报,中国知识分子对之当然没有好印象。听花管副刊版,本来与政治无涉,但中国报纸尤其嫌恶他。因为他酷爱听京剧,不仅听,还捧角儿!

有位中国记者,在背后愤愤地骂:"日本人真是无孔不钻,他在梨园行里,也充起大爷来了!"那是咱们的国粹啊,日本人凭什么插一杠子呢?

可是日本人有势力,怎么办?中国各报纸的剧评版上出现了不少关于听花的谣言,什么听花赠药名伶,暗藏杀机呀,什么听花给角儿送礼,角儿根本不收呀,拿现在的话说,把这人给"妖魔化"了。但凡听花主张什么,大伙儿一概反对之。

听花说:不说外洋,天津和上海的戏园子,都已实行男女同座,咱们北京是不是也改改?訇的一声飞来无数反对意见,直斥男女同座的建议"其言词之无识,用意之无味,俨如村野老妇之谈,荡子流氓之语"。

听花又说:京剧是艺术,名伶是艺术家,咱们是不是该提请政府表奖这些艺术家,以此来光大京剧艺术呢?大伙儿又反对:优伶不是下九流嘛,打小就没道德,表奖他们,会败坏社会风气的呀!

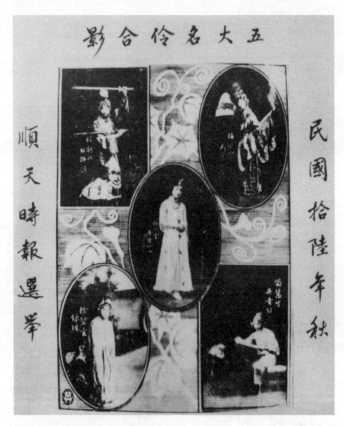

听花主持《顺天时报》选出的五大名伶

反对归反对，听花还是继续他的主张。1917年5月11日，京剧名角谭鑫培去世。听花发表《上黎大总统书》，指名请求追赏谭鑫培。谁都没想到，黎大总统真的于谭鑫培出殡之日派侍卫长送来了赏金三百元，还打算送匾一方。这事儿一出，京剧优伶的社会地位提高了不少。

听花最得意之笔，是组织两次大评选，一次是"五大名伶魔力对决"，北京的票友、戏迷，投票踊跃，选票超过一万张，结果刘喜奎夺魁，鲜灵芝次之。另一次规模更大，而且影响深远，那就是1921年的"四大名旦票选"，梅兰芳、程砚秋、荀慧生、尚小云"四大名旦"的名号和排序，就是这么出来的。

这次评选之前，梅兰芳虽然名震天下，但在北京还是有很多批评之声，主要说他不是"科班出身"。《顺天时报》先是把梅兰芳选为"伶界大王"，又捧为四大名旦之首，才定下梅派的百年江山。

今年关于梅兰芳的影视戏都不少，可没一个提及《顺天时报》和听花的。为啥？爱国呗。

张恨水进京

张恨水进京之前，已经当过《芜湖日报》的主编。他当这么一份地方报纸的主编，自己觉得学问历练还不大够，希望一面做事，一面读书。于是，这个安徽小青年来到北京，成了一位"北漂"。

那时的北漂，比现在强的地方，是有各地的会馆收容他们。张恨水在芜湖会馆落下脚后，就托同乡朋友介绍，想到一家报馆做事。已经是老北漂的朋友给他讲：现在北京规模最大设备最完善的报馆是顺天时报社，但那是日本人办的，去不得，去，他们也不收。最好呢，先进一家小报馆，将来再想办法进大报社。张恨水同意了。

他第一次去一家报馆见工，被狠狠地吓了一跳。出得门来，他悄悄地问介绍的朋友："我们要在外省办一张日报，也要弄个营业部，一个杂务房，一个编辑部，一间排字间，一个机器房，一间会客厅，再弄几间房，报馆里人住的。怎么这里只有三间房，也能开一家报馆？"

朋友哈哈大笑，笑他不懂行。北京所谓办报，大多数根本不是营业的，最多印个几百份，还有印几十份的。最厉害的，只印两份，一份贴在报馆门上当幌子，一份上交给出钱办报的人，就完了。这样，一份报只要两个人，满可以撑得起来。

"那，谁去跑新闻？"张恨水还是想不通。

他们根本不跑，晚上进了编辑部，把通信社的稿子一发，就完了。甚至有人直接把别的报纸的版面拿过来重排好，换个报头，反正只要瞒过出钱的大爷就成。

朋友还说，通信社北京城里有十好几家，可都是日本人办的，英国人办的，要他们的稿子，都得出大价钱，小报纸根本要不起，只要那些不要钱的通信社发的稿子。

那些通信社怎么维持呢？张恨水又不懂了。

"自然有人津贴他们。"朋友神秘地一笑。"干几天你就明白了。"

张恨水后来进的报纸叫《益世报》，是天主教的资本，母报在天津，在北京又开了个子报。这在北方，就算大报了，光编辑部就有三间房子。张恨水进去，先是当校对，接着，就做了三四版的新闻编辑，算是正式进入了北京报界。

那是1919年，"五四"的前夜。一个默默无闻的小编辑，后来的小说名家，在古老的京城里，面对丑恶的现实，还做着"为民喉舌"和"直言谠论"的梦。

看看什么是黑幕

大学时读诸家现代文学史，提到"黑幕小说"都不屑一顾，不介绍，光骂。我就不明白，这东西到底为什么这么招人恨？后来看到一些似乎可以算作"黑幕小说"的，如毕倚虹《人间地狱》，的确是以真人实事为基础点染而成，认得出来的有苏曼殊、姬觉弥、包天笑等，觉得也没什么呀，是不是文学史家们太言过其实？

今年在一个网站上买到张秋虫的《新山海经》，列入"鸳鸯蝴蝶派礼拜六小说"。说到张秋虫，也算"礼拜六派"一大家，所谓"苏派以包天笑、周瘦鹃称雄，扬派以李涵秋、张秋虫为魁"。书买回来，有人抢去先看，看完扔回，还撇嘴道："简直就是本黄色小说嘛！"我翻了翻，心下突然明白了，问她："全书的大关目，是北京的红角柳蕙芬，和坤伶十月春相好，被十月春的旧相好季次青拿手枪打上门来，一个小报主编白五替他去挡，被打死了。柳蕙芬只好避走上海。你知道他在说谁？"她不知道。我就翻书给她看，这条叫"野狐张三之死"：

"大陆日报社长张野狐，素与梅兰芳最契。时有某大吏之子，与名坤伶某交甚密，花费金钱甚多。而某坤伶又欲委身梅郎，大吏子不能忍，拟以手枪对付情敌……"某天梅兰芳到银行家冯耿光处，大吏子跟踪而至，正好张野狐也在，自告奋勇作调解人。张与大吏子乘车去寻那个坤伶不得，又回冯宅。冯耿光此时已电告宪兵司令部，说有强盗持枪抢劫。兵至,即向屋内开枪,将大吏子和张野狐一同打死。然后将大吏子的头悬在正阳门外示众,指为强盗。他父亲明知是自己儿子,也不敢去认。

记这件事的,是管翼贤(长白老人)的《北京报纸小史》。管是当时北京报界的名人,他对张野狐的死,认为是"报人不自检点,常与下等人为伍,张氏之死,诚不足惜"。但是他是史笔,所以比较客观。

到了张秋虫笔下,那就不同了。他的故事情节,倒是几乎与事实

梅兰芳剧照

一模一样。可是他先大力渲染柳蕙芬和马二一班人如何荒淫，柳又和庄督办（应指张宗昌）又如何如何，后面又写白五（张野狐）如何帮堂子里姑娘办花报，人财两便，还有季次青（大吏子）怎么多次被女人勾引和抛弃。其间还穿插无数的男女苟且奸情，大多都是由当时小报的新闻演化夸张而成。

那年梅兰芳离京来沪，上海的京剧名角，纷纷休假一个月，声势之大，并世无两。以梅兰芳的盛名，这种新闻事件，会引起社会多大的关注，可想而知。这样的小说题材，加上张秋虫的名头，销路如何，可想而知。对当事人的侮辱和伤害，也可想而知。偏偏张秋虫老兄，还要在"后记"里此地无银三百两地告白："如果你跳起来自己承认是书中的某某，那只能怪你有相同的事实，不能怪我著书的，因为这不过是无心巧合，我哪里知道你会做这样的事。"这就太狠了！此书作于1929年，张秋虫不过二十七岁，他还说自己是"热血少年"哩。

不喝啤酒的唐纳

这个故事是一位欧洲汉学家告诉我们的。他的中文口语不太好，但说得神采飞舞：

那是我看过的最莫名其妙的一本书！叫做 Donald of China（《中国的唐纳》），不是 McDonald，是 Donald。Donald 这个人是澳大利亚人，但是不喝啤酒——澳大利亚人个个都喝很多啤酒。当时香港的英文报纸要一个记者，听说他不喝啤酒，说：好，我要这个人！（为什么记者不能喝啤酒？我们都不懂）他到了香港，不说中国话，什么中国话都不说（这是 Don't speak Chinese 的直译，其实是不会说），但是他采访中国的新闻。

他到广州去，到衙门去，要求见两广道台（大概是指两广总督或广州知府），可是他不说中国话，没有人知道他要干什么。他就坐在衙门的大门口，他来的时候是早上，一直到中午还不走。太阳越来越毒——广州的太阳，很毒的。但是他还是不走。这时走来一个会说英文的中国人，问他要什么。他说，我要见两广道台。那人说，你这样不行的，你要通过英国使馆约见大人。他说：我是记者，我不管什么使馆，我要见道台。又来了一个英国军舰上的军官，大家一起劝他，他不走。这时大门突然开了，他们说：你成功了。

他进去见了道台，道台叫人送 Champagne，啊，就是香槟，来招待他。他说，我不喝酒，什么酒也不喝。大家又劝他，这是礼貌，喝一点点好了，就一点点。他说："不，你给我照翻：我不认为喝酒是我们交谈的基础。我告诉你我想什么，你告诉我你想什么，这是我们交谈的基础。"大家没办法，给他翻给道台听。道台听了哈哈大笑，说：我喜欢这个人。从此他就能从道台那里得到很多情报。

他后来在中国做了很多事。他参加了同盟会，帮中国人搞革命，他认识孙中山，给他出了很多主意。袁世凯的"二十一条"，是他首先报道的。他什么中国话都不说，什么日语都不说，但是他探听到这个条约的内容，把它公开了。这是很厉害的，当时没有什么人知道这个内容。

他后来还认识了蒋介石和他的夫人宋美龄，西安事变后，他陪着宋美龄到西安救蒋介石……

我终于知道这个 Donald 是谁了。在中国的史书里，他的名字被译作特纳，或端纳。他是蒋介石的私人顾问。这个老外在西安事变中起了相当的作用，小时候看电影《西安事变》，他是唯一一个全程参与其事的外国人，还记得有一个镜头是他代表宋美龄去找何应钦谈判，要求停派飞机轰炸西安。何不同意，特纳摔门而去。这个细节，和他拒绝喝道台香槟的举动、性格上很一致啊。

史量才的度量

委员长生气了。他离开座位,在硕大的窗户前踱来踱去。他停下来,回头,牙齿间冷冷地迸出一句话:

"史先生,我手里有二十万兵!"

史先生猛然挺直了腰,试着用与委员长同样的语调和语速回答:

"委员长,我有一百万读者!"

二十万兵 VS 一百万读者,在任何时代,都不会是一个平衡的等式。双方僵持了相当一段时间:先是邓演达被刺,继而杨杏佛被刺。杀鸡给猴看。

最后,委员长的耐心到了尽头,1934 年 11 月 13 日下午,史量才

史量才遗著

及家人一行六人被刺于沪杭道上。史曾试图逃跑，数枪齐发，他倒毙在一个干水塘中。

史量才以蚕桑业起家，1913年，他从席子佩手里接过了《申报》，1929年他又购进了《新闻报》的三分之二股权。这不得了，老上海说到报纸，无非是《申》《新》两报，他一个人占全了！两报的销量合计二十三万份，以一份五人的传阅量，一百万读者，绝非虚言。

史量才从福开森手里收购《新闻报》后，《新闻报》的职工一点都没有因为该报从外国人手里回到中国人麾下而高兴。他们想不通：咱们一直在跟《申报》顶着干，怎么一夜之间，连自个儿都变成人家的雇员了呢？从总经理以下，大部分员工打算罢工、辞职。《新闻报》摇摇欲坠。

史量才立刻发出公告：本人只占有《新闻报》股份，一应编辑出版事宜，概不插手。史量才知道，《新闻报》办得好，不是美国佬福开森的本事，而是总经理汪汉溪的手腕。汪汉溪虽逝，其子汪伯奇继任后，萧规曹随，守成有余。所以直到史量才被刺，汪伯奇一直是《新闻报》的总经理。《新闻报》也一直是《申报》的竞争对手。

《中国新闻纪录大全》将《申报》评为"旧中国最有影响的报纸"，将《新闻报》评为"旧中国经营管理最好的报纸"。

如果史量才将《新闻报》的全班人马换掉，会怎样呢？历史无法猜测。不过要是委员长来，他一定会这么干的。

到底是中国人

1930年,中央研究院研究员王云五接任商务印书馆总经理。王云五个性很强,提了两个条件:(一)实行总经理负责制,他一个人说了算;(二)就职后先赴日本与欧美考察半年,研究科学管理。条件虽然苛刻,董事会也只能答应,毕竟像王云五那样又懂研究、又懂经营的人才太少。

5月,王云五到了美国。当时的留美学生监督梅贻琦(后来做了清华大学校长)在国内就是王的好友,这次自然全程陪同。王云五前往考察的各大企业也有代表随行,一行人浩浩荡荡,蔚为壮观。

一日,来到一个飞机场,这里的飞机专供游客乘坐。1930年,不要说国内坐过飞机的人不多,在美利坚这也是稀罕物事。王云五一见飞机,豪兴大发,先问同行的中外人士,有谁坐过飞机?大家一齐摇头,这东西不牢靠得很,军队战机尚且常有坠毁的传闻,谁敢拿性命开玩笑?

王云五大不以为然:飞机有什么?又不是没坐过!王某愿意上天去转一圈,诸君谁愿同往?在场的老美,立即坚决拒绝:Mr Wong,我们很佩服您的勇气,抱歉我无法陪同您 Do that。这话不用翻译,王云五颇有些失望。只有梅贻琦含笑不语。

这一下王云五来劲了,月涵,你可愿陪我一游?梅贻琦点点头,王云五大喜,立即询问登机飞行事项。机场告知二人,本机场不负责游客的安全，起飞前须签署自愿飞行文件，并声明如遇不测，须通知某处之亲友云云。王云五并不犹豫，抓过笔一挥而就，但是他停顿了一下，回头问："月涵，我是坐过飞机的，我不怕。你呢？"梅贻琦摇摇头，又点点头。"不再考虑一下吗？"梅贻琦摇摇头。于是登机。

升空之时，地面上同行诸人纷纷挥手告别，有人还摸出手巾拭眼泪，有人张开了嘴，飞机轰鸣声太大，听不出是否在唱《友谊地久天长》。一会儿，飞机升入高空，再也看不见了。

也不知过了多久，才看见一个小黑点又出现在天边，嗡嗡声越来越大，渐渐看见飞机轮廓……继续下降……俯冲……着地……滑行……停，王先生和梅先生的笑脸出现在舷梯边，多少人悬着的一颗心才怦然落定。

大家一拥而上，围住两人，好像欢迎归来的英雄。梅贻琦脸色微微有点发白，紧紧握住王云五的手，道："方才是患难朋友，现在又变了安乐朋友！"

多年后，梅贻琦在回忆录里承认，当时他并不愿上飞机，只是没有人陪客人，面子上实在说不过去，这才硬着头皮登机，感觉像是去鬼门关转了一圈。

"非典"初期，我从北京去外地的老友处玩，行前问他：怕不怕？他说不怕。去了以后，北京风声渐紧，时有"追捕"北京人的消息传来。再问他怕不怕？答：十几年交情了，怕又如何？

一位澳大利亚居民说，他不明白他的中国邻居在"非典"期间为什么还敢接待来自中国的亲友，"要是我，"他说，"一定坚决拒绝他们进入我的房屋，无论是谁。"他不明白，在许多中国人眼里，"生死"是飘忽不定的，而"面子"永远与我们同在。

辑四

文苑行状

当代柳永

每个时代都有不为主流社会所容的畸人。他们是真正的边缘人,一般人都瞧不起他们。像章太炎、熊十力那种佯狂骂世依然为世所敬的人根本不能算。

近世最著名的畸人大概是龚孝拱。他的父亲是大名鼎鼎的龚自珍。龚定庵先生据说是爱国的,而大家都说他这位令郎是一个汉奸,理由?还要什么理由,众口相传,英法联军去烧圆明园就是这位龚公子带的路!

龚半伦据说长这副样子

在人人都爱国的晚清,一个无权无势的人被指认为汉奸,意味着什么?龚孝拱一个人住在上海,取了个号叫做"半伦"。因为孔子说人有五伦,君臣、父母、兄弟、夫妻、朋友。龚孝拱的意思是说,这五伦他全都没有了。但是他还有一个小妾,就算有半个伦吧。

龚孝拱的脾气很不好,喜欢翻着白眼骂人。人都说他不肖,其实这正是有其父必有其子,龚自珍在京师时,也是以使酒骂气、言辞刻薄著称。

说一个比龚孝拱小一号的。叶浩吾是上海一个老维新党,朋友们都说他是个老好人,规行矩步。叶浩吾的少君叫叶少吾,是当时最酷的青年之一。叶少吾在杭州时,有人从上海来,他总笑着问:"喂!

叶少吾1904年在雅加达（中）

我们的浩吾，在上海搞得怎么样了？"子称父名，在帝国时代总是大逆不道的举动，但是他老子是个维新党，也只好随他去。

畸人大抵聪明。叶少吾到了上海以后，居然被他看到了一条发财门径。那时候《官场现形记》、《二十年目睹之怪现状》正在热卖，叶少吾一转念：人家骂官，我何不来骂官的反面，笃定有人看。没两个月，《中国之维新党》出版，反正他老子是维新党，叔叔伯伯的把柄在他肚子里多着呢。维新党也的确不大争气，有诗为证："一般赫赫维新党，保皇革命都是谎，考其所为实事业，无非吃酒叉麻将，章邹诸子是痴人，莫再上当。"

后来叶少吾又到了北京。正是辛亥后开议会，四方贤杰，纷纷北上。上海许多名妓一看市场北移，也都跟着入京。其中一位花元春，刚在八大胡同住定，就得病死了。举目无亲，谁来葬侬？叶少吾站了出来，先声明：我和这位姑娘没有发生过关系。接着说，既然发生关系的客人不来葬她，我来负责殓费好了。消息传出，胡同里的姑娘，甭管南班北班，谁不挑起大拇指，赞少吾一声"有良心客人"！

好心有好报，叶少吾也没想到，才几个月，他自己也死在北京，也没人葬。这不是新闻，但是八大胡同的姑娘联合起来，凑份子给他办丧事，这就是大新闻了。叶少吾登上了各报的社会新闻版，名声传遍大江南北，不少文人大写挽联，什么"秋雨梧桐悲一叶，春风桃李泣群花"，也算死后风光。

群花理丧，自古以来，只有宋朝的柳永有这份幸运。据说各妓院还供了柳三变的牌位，四季祭祀。像柳永、叶少吾这样的畸人，除了堂子里的姑娘，好像也没有什么人在身后还想着他们。

不要鸡心式

我们都叫他和尚。这个人从小丧父,他的母亲是他父亲在日本时娶的,他父亲死后,为正妻所不容,只身回了日本。剩了他孤苦一人留在广州,才十二岁,天天去慧龙寺玩,慧龙寺的长老看他伶俐,索性收了他做弟子。不过他这个和尚做得野,肉也吃,见到年轻姑娘也会笑,还做诗。

他原本是有老婆的。他父亲曾给他定下一家财主家的闺秀。当然,爹一死,两家就断了音问。故事发展到这里,已经很像一篇小说了,所以我们可以肯定,他和某家的小姐,一定还会有再见的一天。

他到了十五六岁,能够出门了,就想去日本找他的母亲。可是钱呢?他乳母的儿子是在广州市场上卖花的,他也就跟着去卖花,凑够了钱才能东渡。以下的情节,看多了言情片的观众都能猜到,他遇到了小姐家里的丫鬟。丫鬟当时不敢认他,悄悄回去叫小姐来。他虽然已经剃了光头,但还是那么欹歔坎坷的一个卖花王子。我怎么可能认不出你呢?小姐哀怨一如国产凌凌漆中的山水有相逢。他用竹笠掩着头,小姐你走吧,我家变至此,早已断了尘世的俗念。当然,最后他还忘不了祝福小姐,早日找到一个如意郎君。

小姐当然也不会放弃当一个痴心女子的机遇,她泪水涟涟地责怪他小看了她的贞节,发誓她会一直等他回来。为了加强她的表白,她将贴身的玉佩送给了他,好让他换钱作旅费,去日本寻母。

他去了日本，找到了母亲，也碰上了几个爱他的女子。据他说，他都以家乡有未婚妻为由推脱掉了。因为没有证人，我们只好相信他的话。至于他送过她们一些情诗，什么"恨不相逢未剃时"，那算不得什么。

可是当他回到广州的时候，小姐已经去世了。这是必要的，一个荡气回肠的爱情故事，没有死亡和伤悼是不可想象的。他伤恸无已，就加入了革命党。那个时候的人一失恋就去参加革命党，不能以身相许，就以身许国，比如《玉梨魂》里的梦霞。

以上事迹被他写成了一篇著名小说，足足有一百回，还给每回都配了插图，连载在《太平洋报》上，想必你也读到过？后来想出版，也没钱。孙中山夫人赞助了他八十元，但还是不够印书。所以，一直到他死后，这部小说才收入了他的文集。

他死之前，寄信给广州的老友萧纫秋，信上只画了一个鸡心，旁边注明"不要鸡心式"。谁也不懂是什么意思。萧纫秋毕竟是他的好友，叹着气道："和尚就要死了。他大概是想托我在广州买一块玉佩，好带着去见他地下的未婚夫人吧。"

玉带到上海，和尚已在弥留之际，护士说，他好像在等着什么。玉送到他眼前，他强撑着用手把玉放到唇边，亲了一下，嘴角挂着甜美的笑容。镜头定格，和尚大归矣。

好啦，我也把你们恶心得够了。但是你要相信，有些人是可以用一生来演一部悲情长剧的。别人做不到，因为他们不是和尚，也不叫苏曼殊。

林琴南要稿费

中国新旧文化方生未死之际,多是翻译书籍大行其道之时。20世纪之初,翻译书籍多如牛毛,而以翻译小说为多;出版翻译小说的书局中,又以商务印书馆为数最夥,自1901至1916年,十六年间,出版翻译小说达二百四十一种,超过了广智、中华、文明、小说林社、新世界小说社、改良小说社等七家主要出版社的总和;而商务印书馆出版的翻译小说中,当然以林纾林琴南的译书为大宗,林畏庐一生译小说一百六十三种,绝大部分都收入商务的"林译小说"中发行。

大家都知道,林琴南自己完全不识外文,他的译书,不过是别人口译,他来整理——康有为曾有赠林的寿诗"并世译才数严林",把林琴南与严复严几道相提并论,总以为夸得到家了。谁知此诗一出,被夸的两个人都很不高兴。严复不高兴当然是因为"世上岂有不通外文之译才"?林琴南不高兴,则是既然是为他写的诗,为什么不将他放在严复前面?可见夸人亦不是易事。

无论如何,林译小说极为畅销,林琴南也便以译著名世,反而湮没了他桐城大家的声名。康圣人如果改诗为"并世译名数林严",相信大家都没有话说。林琴南早期译作如《巴黎茶花女遗事》、《黑奴吁天录》多半自费或与同译者合资印行,已经渐渐在读者中养成了众多粉丝。严复虽然瞧不起林琴南不通外语,但也于1904年有诗云:"可怜一卷《茶花女》,断尽支那荡子肠。"

自从1905年在商务印书馆首次出版哈葛德的《鬼山狼侠传》后，销量甚佳，再加上1910年《小说月报》开始发行，期期都有林先生的译作，无形中帮助了林译小说的推广，于是出完杂志出单行本，卖得一发不可收拾，原本《小说月报》、《东方杂志》上连载的小说，都是列入商务"说部丛书"发行的，商务当局一看林琴南的译著卖得好，立即将这些部书抽出来，单印成一函"林译小说"，整套发售，销路愈发见好。那时商务印书馆主办的各种杂志举办征文比赛，第一名的奖品往往便是一套林译小说。张天翼小时候就因征文获奖得过一套。

到了1916年，商务印书馆出的林译小说已经达到数十种之多，林琴南与商务的关系也相当密切。商务印书馆开给林琴南的稿费，为全馆作者之冠，千字六元。当时六块大洋可以买一石米（一百七十八斤），或五十斤猪肉，折合现在物价，相当于千字三百余元——如今的专栏作家看见这个数字或许会撇嘴，但是要考虑到这只是"译著"，目前国内翻译的价钱，最高也不过千字七十元。

当然也有例外，林琴南译有一部《情窝》，因为先在天津一家日报上连载，因此商务出单行本稿费减半。

1916年，林琴南写信给商务印书馆的负责人高梦旦，称过去十几年来商务支付稿费时，计算字数不够精确，前后少算了许多。言下之意，希望能找补一些。以商务印书馆当时一流大出版社的地位，一般作者若有此要求，只当他是放屁。但与林琴南素有往来，声名犹存，于理于情都该卖些交情。于是高梦旦派实习生谢菊曾从图书馆借出一整套林译小说，逐字重新计算字数。

谢菊曾刚进商务印书馆，办事相当认真，逐一数过，发现以前计算原稿字数时，遇有只占三四个字的行数即抹掉不算，而每行中遇有添加进去的旁边整行小字，亦往往略去不计。重新核算之下，漏算的字数超过十万，最后补了林琴南六百多元。

林琴南与商务印书馆的交道，还有一桩古怪事：他那么多的译作，都是以稿费结算，反而是几部古文著作，如《韩柳文研究法》、《畏庐文存》，抽的是版税。当时商务同人推想，也许林琴南认为林译小说只是"畅销书"，文集才是"常销书"。可惜事实偏偏相反，林译小说一直卖到林琴南去世后多年，还是许多小学生、中学生的必读书。林琴南的眼光不商业，到头来只是便宜了商务印书馆的老板们。

东安市场的一次车祸

现在王府井的新东安市场，是六层楼的商厦。旧东安市场不是这样，倒是有点像农贸批发市场，一排排的平房，五花八门，卖蔬菜、果品、旧书、古玩、衣料、西餐……要嘛有嘛。这种地方的秩序相当混乱，所以才会发生著名的沈崇事件，让恪守英美法治精神的胡适先生彻底失掉了全国青年学子的拥戴。

这里说的是旧东安市场发生的一场车祸：

　　本报讯　日前，一位男青年急匆匆地骑乘摩托车到市场购物，在市场外和一辆汽车相撞，男青年身受重伤，送协和医院医治，医生称可能会留下腿部终生残疾。车祸原因正在调查中。

各位编辑大人，这条消息该放在什么版？社会新闻？还是尾条？好的，不过我要告诉各位，这位青年不是旁人，正是大名鼎鼎的梁启超的大公子，清华大学高材生梁思成。怎么样？是否可以移到"重要新闻"一栏去？

我还想说明，撞人的汽车也有个不一般的主人，他曾经被北京学生以爱国的名义痛打——没错，该汽车所有权属于前驻日公使章宗祥。怎么样？这条新闻不简单吧？

你说这可能是一次政治事件，要把它放到政治新闻版？先不要冲动,还没有任何证据表明章宗祥是要借此报复梁启超调唆五四运动的仇怨。而且梁公子赶到东安市场,的的确确是一个偶发事件。

据知情人称,事发当日,正在西山养病的前外交次长的女公子L小姐,和她的追求者们定下了一个赌赛:谁能以最快速度从城内买到刚上市的橘子给她,就证明谁对她最忠心耿耿。有目击者称曾见到梁思成先生的摩托车自西山驶出。在事故现场,确曾留下一包精心捆扎的橘子。显然,摩托车技术超群的梁先生拔得了赌赛的头筹,如果不是发生了车祸的悲剧……

你知道L小姐就是林徽因?咳,你知道就好了,不必登在报上吧。

现在你总算明白了,这则新闻最适当的位置是在:娱乐版。不但是头条,而且还可以作连续报道。据我估计,梁先生虽然因车祸留下了终生遗憾,但赢得L小姐芳心的机会却大大增加,不信我们拭目以待,看看其他人有戏没戏!

（梁思成脚部残疾,来自车祸不假,但从《晨报》当年的新闻报道,到《梁启超年谱长编》中所收梁任公给大女儿思顺的信,都说明是梁思成兄弟同往参加1923年"五七国耻"游行,被财政部次长金永炎的汽车撞倒。金永炎不来道歉,梁夫人还大闹了一场总统府。自家人言之凿凿,又有历史材料佐证,当然更可信。

但咱文章里的事,也非空穴来风。材料出自陈从周的《梓室余墨》,陈巨来《安持人物琐记》等书亦有记载。这则轶事何以会传成这个样子?这才是我感兴趣的,即所谓"传说中的近代中国"。）

他为什么跑警报

这个人已经一百岁了。

他来的时候寂寞,走的时候同样寂寞。他的百年寿辰赢得一片热闹,热闹底下是更深的寂寞。

他算是一个幸运的人。想当年,"北漂"大军,何止千万,他一个没有上过大学的退伍军曹,靠一支还说不上流利的笔,在乱军阵中杀将出来,成了知名作家,又主编了大报的文艺副刊,在文坛也算得有头有脸。作品多,也不坏,到他四十多岁的时候,已经有人恭维他是"中国的托尔斯泰"。

他喜欢上一位姑娘,是他的学生。同事、上司,都帮他的忙,再加上一股乡野带来的蛮气,他终于娶到了这位名门淑媛。于是有了那封脍炙人口的电报:

"乡下人,喝杯甜酒吧!"

一辈子他都是个乡下人,用高丽纸,写很小的小楷。他说:荸荠的"格"要比土豆高。——我要指出,这句话政治不正确,植物生而平等,同享有天赋物权。

他是一个不幸的人。

一个闯入都市的乡下人,一辈子都没有真正融入其中。一个混入大学讲堂的无文凭者,当然会遭到讥笑和白眼。学历与学问如朱自清,在清华大学开设现代文学史课,尚且被人讽骂为"阿世",何况

刘文典

他这个没有大学文凭，没有国学功底，又没有啃过洋面包的乡下人！何况他讲的又是《各体文习作》一类的课。虽然也有人是冲着他来报考这所大学的，他的课也颇受欢迎，又怎能改变他是个"乡下人"的事实？

教《庄子》和《文选》的刘文典跟他一起"跑警报"。突然，这位前河南大学校长立住了脚，发出了一句呵斥，声音很大，连渐渐迫近越来越响的敌机声也淹没不了：

"我跑警报，是因为我死了以后就没有人教《庄子》了，沈从文跑，他为了什么？！"

纵使他当时没听见这句话，也会听见大学里沸沸扬扬的传言。然而他没有任何回应。能够让龙云特批每天二两烟土的"二云居士"（刘文典因嗜好云腿和云土得此名），大概是有这个资格的罢。这句话与后来郭沫若痛斥他的小说为"桃红色文艺"相比,没有决人生死的威力,却同样如一把刺刀,扎进心脏,再绞上几转。

他死的那年,传说已经被决议授予当年的诺贝尔文学奖。然而他死了,那奖也给了别人。而今大家都在惋惜,不过,他要是得了这奖,难保不成为有些人从此看不起诺贝尔奖的依据。

沈从文先生冥寿百年,还有人提起他,阅读他,纪念他。而教《庄子》的刘文典则不大有人记得了。不必为此发什么"尔曹身与名俱灭"的感慨,在大学里,仍然还有许多古代文学研究者坚定地认为:现代文学不是一门学问。

无妻之累

用今天的眼光来看,这个发生在民国的老故事还蛮有看头的,又是凶杀,又是同性恋,又是扑朔迷离的三角关系,更何况主角还是名人。

这是 1930 年代发生在杭州西子湖畔的一起惨案,很适合作为侦探小说家的素材:某位先生回其住处,发现大门紧锁,觉得蹊跷,于是从后门翻进房内。惊见前门边躺着两个满身是血的女性,一死一伤,立刻报警,这起案件在沪杭等地轰动一时。

如果我是民国小报的记者,碰到这样的题材一定是大喜过望,因为案件的当事人是许钦文,而其中涉及的两位女性一是许的好友、画家陶元庆的妹妹陶思瑾;一是陶思瑾的好友刘梦莹。陶思瑾受木棍击伤昏倒,刘则因身上的刀伤身亡。你想:男方是文坛小有名气的青年作家;女方是很能惹起看客遐思的女学生,一男两女,背后有多少故事可以发掘,写连载小说怕至少能写上一两个月。从题目起就可大玩噱头,什么情海生波、才子佳人、苦命鸳鸯……哀感顽艳,最能吸引读者眼球。

这起案件一开始就引人注目,而且随着案情的明了化,它的吸引度有增无减,因为真相超出一般人的想象。案子倒真是情杀案,不过爱情悲剧的主角是两位女性,与许钦文无关。

事情缘起在于好友陶元庆去世后,许钦文筹款为他修建纪念堂一所,罗列其遗作遗物,自己就住在纪念堂边小屋内,并将好友的妹妹陶思瑾安排在另一房间内以便照顾。陶思瑾和刘梦莹原是同性恋人，曾相约不嫁。1932年，因为"一·二八事变"，家住上海的刘梦莹到陶思瑾处借住避难，陶听说刘别有所恋，两人遂起争执，最后发展到用菜刀、木棍互相攻击，直到一人身亡，一人昏倒为止。

女学生之间发生同性情谊在民国时期是常见风气，不少小说家在作品中叙述过这种非一般的情感，郁达夫的《迷羊》更是将同性恋爱和革命熔为一炉，在今天的读者看来，恐怕仍会有点"惊世骇俗"之感。

不过案子破了，最倒霉的确是许钦文，他被刘梦莹的姐姐以"妨害家庭罪"为名告上法庭。当时许钦文三十六岁，一直单身无妻，糊涂法官就据此怀疑三人之间有情感纠葛，觉得他脱不了干系，让他坐了一年多的监房。许钦文入狱后，得鲁迅、蔡元培等人疏通呼吁，终于得以出狱，遂写下《无妻之累》一文记述事情经过。

多年以后，当年甚嚣尘上的案件已经成了故纸堆里不起眼的轶事一桩。重新翻出这个故事，是因为在陶、刘之间颇有震撼性的同性恋悲剧之外，它另有让人歆歆之处：1937年，许钦文以《无妻之累》为名出散文集一本。此时遭受不白之冤的他，早已离开杭州这个是非之地，但在为此书设计封面时，他选用的，仍是老友陶元庆的遗作《吹箫人》。

有多少人懂得苏白

明清小说大家多产于江南。王朔骂金庸曰：南方作家，没法儿用口语写小说，用的是死语言！这话让人牙碜，但不是完全没道理。只有没写过小说的胡适之博士会跟他唱反调，胡适认为《儒林外史》使用的通行于长江中下游流域的"官话"比《红楼梦》用的"京话"要强，因为好懂。写过小说的南方人，如余华，就会承认他自己是使用另外一种语言在写作。

不过，晚清那些小说行家听到这话一定会很委屈。谁叫五百年帝都在北京呢？我们用方言写作你们让吗？《何典》，多好的小说，就是因为用方言，湮灭了好几百年，到20世纪才由刘半农从地摊上发掘出来。

总会有人挑战游戏规则。松江人韩邦庆就愣在自己的小说里让人物都讲一口苏白，只有叙事才用官话。当时就有朋友反对，这样不容易流行呀。韩邦庆不愧是一流小说家，底气很足：

"曹雪芹写《石头记》可以全用京话，为什么我的书就不能用苏白？"

"可是苏白里有很多字是没有的，怎么办？"

"仓颉可以造字，我为什么不能？"

那朋友知道说不服他，干脆用通俗官话写一部同题材的小说。果然，韩邦庆的小说"使客省人几难卒读"，于是"遂令绝好笔墨竟不获风行于时"。而那朋友的小说一版再版,卖了不知几十万册。朋友说韩邦庆"大误",竟然用"限于一隅"的吴语著书,纵然后世有学者夸你的书是"吴语文学第一部杰作",有多少人会去看呢?

"全部吴语对白的小说,《海上花》是最初也是最后的一个,没人敢再蹈覆辙。"是啊,后来张春帆写《九尾龟》就聪明多了,让客人讲官话,让妓女讲苏白。《九尾龟》在1922年北京高等师范民意调查中,被提名"你最喜欢读的中国旧小说",说明这种小说形式可以在官话地区通行。到了张恨水的《春明外史》,全是官话,妓女有时讲苏白,可是她们很烦客人学苏白。渐渐地,苏白在小说中湮灭了。

差不多一百年后,上海小说家张爱玲不忍韩邦庆的杰作就这样萎死,不惜做了一件极吃力不讨好的事,将书中的全部苏白译成"普通话"。这个译本韵味大失,却让更多的人读到了这部小说。台湾人侯孝贤根据译本把这小说搬上了银幕,可是——他还是不得不让演员在戏里讲苏白!

这在一定程度上证明了韩邦庆自信的正确性。他的小说与语言是分不开的,一荣俱荣,一损俱损。同样是北京作家,王小波的理解力好像要强一点。他指出,有些人认为使用方言更乡土些,更贴近工农兵,也就更革命,所以方言体也就是革命体。但不是所有的方言都能让人联想到革命,"用苏白写篇小说就没有什么革命的气味"。岂止是没有革命的气味,套一句王德威的话,苏白写就的《海上花》里洋溢着的,是世纪末的华丽。

上课那些事儿

俞平伯先生以前在北大讲宋词,总是读一首词——不是朗读,而是摇头晃脑地吟哦,然后说:"好!真好!"再读一首词,又是"好!真好!"第三首,亦复如是,第四首……下课。

这则轶事很多人都回忆过,而且北京大学、西南联大的学生都有,大概不是假的。俞平伯的这种"不教之教",至今传为美谈。不过美谈云者,其实是信不得的。清华大学当年老生戏弄新生,现在也传为美谈,我不信那些新生当时也作如是想。最近一位当年联大的学生,听过俞先生课的,写文章说:我也这么大年纪了,不再顾忌什么,老实说,俞平伯的课,我实在听不出有什么好。不但俞平伯,顾颉刚、朱自清、张申府……都不会讲课。

朱自清不会讲课,这我知道,据说他一见下面有女生就脸红,说不出话来;顾颉刚是因为口吃,上课就是写黑板;还有一位周作人,只是对了讲稿小声地念……俞平伯跟他们不同,他的讲课法是一种文人气的表现。另一则轶事说,俞平伯有一次在红楼贴出告示:本周没有心得,停课一次。放在今天,谁敢?所以真正可以佩服,可以传为美谈的是当时大学宽松的机制,自由的风气。

但是莫要以为当年大学里人人都那么散漫,学生就不见得都喜欢俞平伯的教授法,这与生长环境、个人习惯有关,甚至与方言有关。梁启超在清华讲课,突然大声问:"点解呢?"满堂愕然,广东

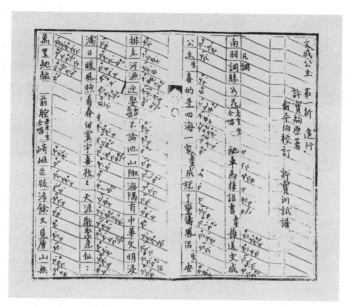

俞平伯校订的昆曲曲谱

同学则暗自偷笑。鲁迅的绍兴口音，王瑶的山西腔调，因为写回忆文字的人都是门生故旧，忽略不计，其实听若无闻，叫苦不迭的人多着呢。反过来，严谨的老师碰到自由的学生，后果就更严重，系主任罗常培推荐毕业生汪曾祺给朱自清当助教，朱一口回绝，理由是："他连我的课都不上！"杨振声就不同，汪曾祺交了一篇作业《方车论》，很短，很好，杨振声就当着全班宣布："汪曾祺一个人可以不参加考试！"

不知道是不是因为对现在的大学体制逆反，我们特别爱听从前关于自由散漫的种种故事。然而身处其中，感觉未必就像听故事那么好。北大来者不拒，从无驱赶校外听课者的传统，这也传为美谈，可是对于为研究生开的小课而言，很影响讨论，而且有很多人站着听,老师心里也不安乐。陈平原先生常说,学问本来是"二三素心人"讨论的事业,现在变成了老师面对公众的"表演",像俞平伯那样的教法,十来人的小课还行,大课就成了玩笑。所以,故事只是故事。

我为什么热爱鲁迅

鲁迅的伟大是公认的。从前的定评是"伟大的文学家、思想家、革命家",现在头一项不大提起了,而对末一项,则是连他的敌人如陈西滢等都不得不服膺的。郭沫若称鲁迅与其弟周作人是五四以来中国文学"一对颠扑不破的重镇",而在汪曾祺看来,中国现代至今的散文无非是两条路:鲁迅的奇崛和周作人的冲淡。说文学家的鲁迅是自中国有白话文学以来数一数二者,大约不会有太多的异议。

对鲁迅的诟病主要来自他不计其数的笔战对手,前些年又鞭尸似的被某些海内外"精英"翻炒过一阵。总括起来大致有三:一曰峻急,二曰刻薄,三曰多疑。

鲁迅对社会和人的批判确乎颇不合时下流行的"宽容精神",但这种并非为了要报私仇或快速成名的峻急,只能让自己加速沉入无边的黑暗中去,成为"二六时中,无时或已"的"怨鬼蛇蝎"。鲁迅曾说,他的吃鱼肝油,保养自己,倒不是为了他的爱人,而是为了敌人,"要给他们美好的世界增添一点不愉快",心理"阴暗"到这种地步,难怪会让讲求"闲适"的文士们大摇其头,在利己主义睥睨一切的当世自然也不合时宜之极。也许正因如此,鲁迅所期盼的自己文章的"速朽"到今天也未能实现,现在重读这些六七十年前的文字往往会惊异于与当下的合拍,这是鲁迅的幸还是不幸?

说鲁迅的文字刻薄,大约是有道理的,因为曾让提倡"平和的趣味"的梁实秋至死余恨犹存。然而我以为一个并未掌握话语权力的知识分子,在进行激烈的批判时刻薄甚至刻毒一些,似乎也无妨。徐志摩、陈西滢一干人常以自由主义相标榜,却动不动就指责别人为"刀笔吏",我觉得不好这样乱比,鲁迅的笔并无随意判人生死的权力。并且,别的不说,鲁迅的敌手中,对自身的反思剖析,少有如鲁迅一样的大胆和深刻,对社会的黑暗,也少有如鲁迅一般敢于直面,倒是逃避的居多。以此观之,鲁迅似乎不乏刻薄的资格。

至于多疑,对于我们这些比当时的人拥有更多苦难记忆的现代人来说,应该更容易理解。虽然没有经历 20 世纪人类两大劫难——"二战"和"文革",但鲁迅过人的洞察力使他清楚地看到人性正在以前所未有的形式和速度堕落着,对人类的绝望导致了他在生活中多疑得让人有时难以接受,他自己也多次检讨(如杨树达事件),但他在少

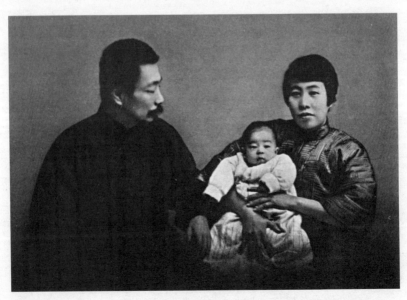

怜子如何不丈夫

鲁迅

年时代即确立的对人的不信任却始终无法改变。

然而,即使在对身处的世界如此的悲观中,鲁迅却从未放弃作为一名知识分子对社会所应负的责任。鲁迅年轻时就主张"任个人而排众数",甚或称"民国以后,我们是做了奴隶的奴隶",然而穷其一生,鲁迅所做的仍然是"肩着黑暗的闸门,放他们到光明的地方去";鲁迅"向来不惮以最坏的恶意揣测中国人",但当增田涉问及"是否后悔做一个中国人"时,他"眼里含有泪花,低沉着声音答:'不,我爱中国'"!鲁迅对中国的爱和沈从文那种"不可言说的温爱"是不同的。沈从文是个浪漫主义者,终生都葆有儿童般的天真;而鲁迅是眼前连路也见不到的"过客",是"于绝望中看见希望",要"于无希望处得救"。拥有希望而竭力追求其实现,固属可贵,却非难能,唯在完全绝望之际仍能摸索前行者,允称大智大勇。这才是鲁迅,不朽的鲁迅,虽然身为"现代中国最苦痛的灵魂",却依然能在弥天的黑暗与遍地的污浊中,昂起头,"一步一步慢慢向前走去"。

这就像王尔德那句不朽的诗行:"我们全在阴沟里,但仍有人仰望星空。"

——我为什么热爱鲁迅。

冰心的一元钱

冰心去世。和朋友掐指一算，经历过五四运动的，在文学史上留得下名字的，又还健在的，居然已经没有了。更别说还是女性作家。台湾的苏雪林比冰心年纪大，但五四运动发生时她在安徽老家，还只有向往的份儿。

年轻总是气盛。许多新锐说起冰心，都一脸的不服气：不就是比别人早写文章早出名吗？（张爱玲深有感触地说："出名要趁早。"）净是些爱呀美的，太浅了。不错，冰心似乎永远也学不会深沉和世故。前些年看报道，讲冰心和萧乾会面，一见之下，两人就互相吻了吻。这有点儿奇特，但不奇怪——冰心指着萧乾说：他是我的小老弟，我总叫他"小饼干"。（冰心的逝世与伤心萧乾的离去有无关系？）——总好过冰心握着萧乾的手说：萧乾同志哪，要为革命保重身体呀。

接下来冰心就很气愤地对萧乾说："作协有些人真不像话，太不像话了，竟然用公家的车办私事！真太不像话了！"看到这里不禁哑然失笑，又怀疑记者是不是在生安白造。都什么年代了，她老人家还在为这种连腐败都算不上的假公济私大光其火？若是真的，证明冰心老人还和"五四"时代一样纯。

冰心在我们的文学生活中，其实是一个绕不开的名字。读过中小学的人，一定学过她的《寄小读者》《小橘灯》，读到大学中文系，多多少少要读她的《春水》《繁星》《超人》《斯人独憔悴》《去国》这几篇，还有文学青年都热爱的泰戈尔，最通行的也是冰心的译本。可是冰心常常被我们忽略，几乎再也没有人肯承认自己受冰心的影响，她在我们心目中只是一个"文学老祖母"，一个新文学的象征。八九年前冰心写过一篇小说《远来的和尚》，被《小说月报》安排在当期的头条，写国内的饱学之士饱受排挤，外国来的不文之辈却被敬若上宾。很简单的不平。岁月给文笔添上了淡泊，却洗不去"五四"

冰心在北京（1918年）

那股忧世伤怀的气息。这跟同期的正在狂飙突进的操练先锋的小说距离多么遥远啊。因此这种安排理所当然被视为一种尊重，一种致敬，一种对开创草莱的前辈的报答。

说实话，我也不爱读冰心的小说。我们已经被20世纪教得太复杂了（以赛亚·柏林说：这是人类历史上最坏的一个世纪），如何还能容忍这样的简单？要热血报国，但家庭不允许；对人生绝望，被世界遗弃，贫穷、不公、自私、愚昧在世上横行，让人们窒息——是的，这些几乎是永恒的问题，可是我们能否接受冰心给的答案？她真诚而无力地喊着：爱吧，像母亲一样地爱吧，爱是征服一切的力量。可信吗？可爱吗？可笑吗？可怜吗？堂·吉诃德面对巨大的风车，手里举着一根柳条，那是他想象中的长矛。

我们有足够的理由轻视冰心和她的时代。但是且慢，自大的现代人，让我们"回到现场"，设身处地想一想。如果让你选择，你是愿意每个人都指责用公车办私事，还是愿意自己也钻进某位亲友弄来的公车里？你是愿意热血沸腾充满道德激情地为理想呐喊，还是愿意灰心丧气缺乏目标地在忧郁中生活？你是愿意坚信世上有是非的存在，坚信自己站在真理的一边，还是愿意看不见正义邪恶的界限，在道德边缘徘徊？你是愿意梦想"她也一定会好起来，因为我们大家都好了"的结局（《小橘灯》），还是愿意被迫接受"正因为绝望，我们才被赋予希望"（阿多诺）？你是愿意不断为人类的进步而欢呼，还是愿意看人类一步步走向自我毁灭的深渊？

如果让冰心老人来选择呢？

某期《天涯》上登过一位百岁老人的语录。她摸出一元钱来给小保姆："帮我买一斤肉，要半精半肥的。还买点葱、姜、蒜籽。剩下的钱给你买糖呷。买不得？咦哩？未必这钱有假？"我觉得，"爱"和"理想"就是冰心的一元钱。在漫长的岁月里，她一次次将它从口袋里摸出来,却一次次被告知"买不得"。不知道冰心有没有怀疑过"这钱有假"?

冰心晚年一直想刻,终于还是刻了一方图章,文曰"是为贼"。据说起初连王世襄这样的达者都不愿为她刻。咦哩?未必冰心只是在故示豁达?不然为什么大家不肯让一位年近百岁的老人自由表达自己的心情呢?她一定很累了。从北大学生傅斯年高呼"坐车的都该枪毙"的年代,活到大学女生宿舍前停满高级轿车的今天,也真难为了冰心。

冰心走了,剩我们这些后辈还活在世间,活在这毫无希望,又不得不努力追寻希望的世间。

另类林语堂

金宏达的前言是这样写的:"出过《周作人评说80年》、《张爱玲评说60年》之后,犹如做一副对子一样,自然想到要出一本《林语堂评说70年》了。"为什么?因为"三人都有些'另类',围观者多,评说纷纭,在现代文坛上,比起别的圈子,好像另有一番热闹"。

这样说大抵不错。不过,比起周作人和张爱玲,林语堂的"另类感"要强得多。在20世纪中国文坛,林语堂不是像鲁迅、穆旦那样的"叛逆者",也不是像郑孝胥、陈衍那样的"卫道者"。他是一个"闯入者",是在西方文化环境中成长,又返归到中国文化中来的游子。论对西方文化的熟悉和为西方人熟悉的程度,能和林语堂相比的只有一个胡适。但胡适是有"清儒家法"的,出国前旧学已有了相当底子,他的出国如同凤凰的涅槃。林语堂则不然,他出身基督教家庭,九岁已经上台讲道,教会小学教会大学这么一路读上来,年轻时"几乎中断中文学习"。虽然他出国留学时已经二十四岁,可是西方文化对他的影响远胜中国文化。林语堂的文化气质更近似于"生于南洋,长于西洋"的辜鸿铭和在日本成长的苏曼殊。

林语堂的特点,他自己说得很清楚,是"两脚踏东西文化,一心作宇宙文章",或曰"对外国人讲中国文化,而对中国人讲外国文化"。他在国内的成就,是编《开明英文读本》,办《论语》、《人间世》、《宇宙风》,目的是将西方的绅士品位引入中国社会。他先后引发的两

林语堂

次大争论(《子见南子》的演出与《尼姑思凡》的英译)都是为了他用西方文化的眼光来观照中国的古人古事。他因为周作人的介绍喜欢上袁中郎,于是大肆提倡"性灵",其原因如陈平原所言,并非只为了找到一个心灵相通的古人,更是因为性灵派文论与西方表现派文论"异曲同工",给了他一个将西方文化引入中国的接口。他将"Humor"译为"幽默",鲁迅等人很不同意,因为这个来自屈原的语词太容易被误读成"静默",但是林语堂更反对将幽默理解为中国固有的"滑稽"或陈望道译的"油滑"。这两种翻译思路的差异在于将哪种文化作为本位文化。从严复到鲁迅,都是将"信"放在第一位,宁愿突出中西文化的异质性,好对中国文化动一个彻底的手术。林语堂的翻译主张则更接近于传教士,只顾为中西文化的相互了解觅得一条便捷的途径,运输损耗在所不计。

所以我很能理解为什么林语堂在西方暴得大名,"美国知道他的人比中国还多"。他的《吾国与吾民》占据畅销书排行榜首五十二周之久,他因《瞬息京华》(即《京华烟云》)获得诺贝尔文学奖提名。可是林语堂在中国,名头并不是那么响亮。《语丝》时代他跟着鲁迅,《论语》时代又跟着周作人,对于中国文化并无独到的贡献。人们尊他一声"幽默大师",其中总带着几分揶揄。他的中文委实不算好,所以《瞬息京华》自己不敢译,要请日本留学生郁达夫代译,可是人们认定他是个文化贩子,连带怀疑他的英文水平。他们还讥笑他的犹太商人式的精明,不见钱不给稿子,兄弟拿几件旧家具还要算钱……这种墙内开花墙外香的例子,现在还有不少(如高行健)。倒不一定是偏见或傲慢,而是看问题的角度不同。在以为中国就是辫子与小脚的西方人眼中,林语堂为他们打开了一扇崭新的东方之门,苦心营造了一个至善至美的中国幻境。反过来,林语堂在中国谈西方倒还罢了,他竟然大谈特谈明人小品、性灵文章、李香君的画像、院子里的竹树和梅花!新派骂他反动,旧派笑他肤浅,浮浮沉沉几十年,林语堂始终未能被加上大师的冠冕。

然而林语堂毕竟是重要的。在那么多人汲汲于向国内输入西方文明的火种时,他反向的写作,将"文化中国"的概念灌输给西方读者,影响了几代西方人的中国想象。当林语堂赞美中国的种种好处,也许不单是出于文化自尊心的驱使,也蕴含着要在中西文化的比较中寻觅一套更合理的生活法则的意图?读完七十年人们对他的种种批评、忆念与论说,林语堂的形象似乎更为模糊。这恰恰构成了我们必须更深入地、更同情地了解这位文化进出口贸易从业人士的最大理由。

革命时期的爱情（两则）

人各有见，人各有道

杨沫的《青春之歌》是要被算作当代文学经典的了。因为是自传体，有人指出余永泽者，即近年赫赫有名的"大散文家"张中行。于是读者饶有兴趣，看看这位北大三老之一，与书中那个落后分子究竟有何相似处。

这件事前几年引发了一场风波，是因某杂志对杨沫的访谈而起。可惜当时的原文现在找不到，也没借到杨沫夫妇后来出的回忆录《爱也残酷，爱也温柔》，但大致情形，也不出张中行《流年碎影》中提及的："她（杨沫）追述昔年常提到我（这回不是小说），言及分手之事，总是明说或暗示，我负心，兼落后，所以她由幽谷迁于乔木。"落后云云，是杨沫的看法，负心，则好像没什么佐证，因为不单张中行从未谈到，《青春之歌》中的余永泽也没有什么别的艳遇——有的话，我觉得杨沫一定会写。至于到老还强调离开此人是正确的，是有点怨毒了。这就难怪写过《顺生论》的张老夫子也难以八风不动，在轻描淡写的笔法中透出了他的嘲讽：

> 认定是负心，是人各有见，认定为落后，是人各有道，至于由幽谷迁于乔木，我祝愿她能够这样，但据我所闻，也未能天衣

无缝。但她有名，为了名，举事以证明迂得好，也是应该的，至少是可以谅解的。

嘲讽是因为恼怒。而恼怒，恰恰证明了未免有情。张中行平铺直叙地讲说故事，但还是藏不住对过往的眷恋，如他描摹初见杨沫的印象："她十七岁，中等身材，不胖而偏于丰满，眼睛明亮有神。言谈举止都清爽，有理想，不世俗，像是也富于感情。"前面都是肯定的褒词，"富于感情"却加了一个"像是"，个中情怀，不问可知，对应的是后来的"她先是在新旧间徘徊，很苦，继而新的重量增加，更苦"。说到后来，张中行给这段感情的评价竟是高得惊人，全不像他回忆得那么平淡："婚事也有花期，是诚而热的互恋之时，最值得珍重，我现在回顾一生，也有这样的花期，仅仅一次，就是我们由相识到共朝夕的前两年，仅仅这两年，是难得忘却的。"显然是感于前而怨于后。张中行是"胡适之的大弟子"，自然讲的是行端品睿，立身方正，不能留世以话柄，有时就像方遯翁写日记，把自己的牢骚让给人去发。《青春之歌》出版后，他的情绪不会不波动，所谓"室中人说是意在丑化我，心里很不舒服。我却没有在意"，很难让人相信。

杨沫对这段感情自然也不会泰然。她的方法不同，是对之进行重新书写。在《青春之歌》中，进步/落后之争的音量被调到了最大。她强调了林道静爱上余永泽是因为感激救命之恩，当然还有他对自己抗争的赞许和对海涅诗句的熟悉——"啊，多情的骑士，有才华的青年！"她还以全知视角描写余永泽的心理，一开始就是打算占有、羁笼这匹"难驯驭的小马"。为了让后来林余二人的分手显得更自然，杨沫让林道静一直对余永泽的甜言蜜语保持警惕，可是，保持警惕的林道静为什么还是会倒向余永泽的怀抱呢？杨沫实在无法说清楚，所以林道静在恋爱中的性格就显得摇摆而分裂，简直是弱智：前一分钟还在痛斥余永泽"跟你在一块儿就不算寄人篱下？你别老对我讲这些啦，你再说，我真怀疑你是乘人之危……"并且"嘴唇哆嗦着"，"竭力压制自己的愤怒"，而且，她还"忽然发现他原来是个并不漂亮也并不英俊的男子"，可北大学生余永泽一说"我爱你，永远永远地爱你"，道静就"笑了"，听起来像是中了迷药。可是林道静并不是个恋爱至上主义者呀！

在杨沫对这段感情的重新书写中，余永泽是与革命的正面敌人不同的另一个革命的对立面。他象征知识分子和小资产阶级的软弱和妥协。余永泽并不是一个坏人，他对生活的幻想："自立一家说，——学者，——名流，——创造优裕的生活条件"也无可厚非。他的错误也许就在于他在用"五四"的爱情逻辑来读解林道静："爱可以改变一切，为了爱我们奉献一切"，所以他认为林道静和卢嘉川的交往是"有人在引诱她"，因为"天下只有爱情才能使女人有所改变的"。他满怀着情人的嫉妒来看待林道静和她的"革命"："啊！在这样清明芬芳的夏夜，她竟和别个男子亲密地约会着、来往着。为了他，竟不要自己的丈夫回自己的家。"

余永泽的直觉并没有错，林道静确实爱上了卢嘉川，而且是"以革命的名义"，所以她才会将江华作为卢的替代（他们都是她在革命道路上的导师）而接纳为自己的情人。余永泽不懂的是革命时期的爱情逻辑。一方面，革命要求将爱情理智化，千百年强调的忠诚、宽容等等美德只是必须粉碎的可笑禁令，就像白莉苹略带讥讽地对林道静说的："等着余永泽给你挂节孝牌吧！你还想革命哩，连这么一点芝麻粒大的事情——私人的事情算得什么？——都不敢革，还说别的？"另一方面，革命是以狂热诱惑狂热，平静的生活、稳定的家庭、与社会的妥协在这里是没有市场的，所以在林道静看来，余永泽这种"自私、平庸，一心只想着自己的生活"的男人如何能够容忍？与余

永泽的相处让林道静明白了:

> 这就是在政治上分歧、不是走一条道路的"伴侣"是没法生活在一起的。光靠着"情感"来维系,幻想着和平共居互不相扰,这只是自己欺骗自己。

如果说,林道静曾经也接受过余永泽的爱情逻辑,"美丽无边的大海,大海上的明月和银波"曾让她热爱并怀念,那么,她从革命中看到的是热血和火药,是燃烧的青春,这是与余永泽的长袍和马褂格格不入的。杨沫暗示,因为林道静是"黑骨头和白骨头的混合"——她的母亲是被地主逼奸的佃农女儿,所以她会在两种道路徘徊,既不是像余永泽那样归顺"旧",也不能像卢嘉川那样全心投入"新","她既爱将来,又不能忘掉过去。在她的心灵深处,未来和过去是两个相反的互不相容的极端,但却同时在她心里存在着、混淆着"。

余永泽并不是没有尝试过去理解林道静的爱情逻辑:"他忽然感到她不是一般的女人,她是一个有着崇高理想的女人。而他应当理解她,原谅她。"为此他将谴责卢嘉川破坏他家庭幸福的信投入了火炉,"好像做了一件了不得的事业"。对于余永泽来说,这确实非常了不得,因为他试着用一种新的爱情逻辑来推导问题,但没有持续多久,当他想从枪声中寻找林道静时,他被一颗子弹吓回了图书馆。也许是丑化,也许是事实,反正,那样的生活不是余永泽想要的,他最后用更古老的逻辑解释眼前他所不明白的一切:"女人,天下的祸水!……"

据张中行交代,他和杨沫的结合是属于他归纳的"不可忍"那一类,"不可忍"的特征有四:一、一方,甚至双方,想,或已决定,另筑新巢;二、道德修养方面有大分歧;三、政见有大分歧;四、生活习惯有大分歧。张中行说他和杨沫除了道德修养方面外,其他三方面都"宜于分"。那么两人之间,除了进步／落后外,应该还有别的纷争。但按照张中行／余永泽的爱情逻辑,分手以后也是不作兴讲对方坏话的,抒发一下怀恋之情才是"情之正",所以有了《沙滩的住》末尾述走过大丰公寓(张中行和杨沫初见的地点)时的心情,似乎是对那段革命时期的爱情的一个总结:

屋内是看不见了!门外的大槐树依然繁茂,不知为什么,见到它就不由得暗诵《世说新语》中桓大司马(温)的话:"木犹如此,人何以堪!"

你的魂儿我的心

有人注定要成为大时代里的一个传奇。瞿秋白,隐现在各类史书中一个迷人的名字。曾经是共产党人最高的首领,在想象中却总是一副苍白的、文弱的、瘦削的面目。他是革命还处于知识分子阶段的典型代表,是传统文人与激进思潮共育的宁馨儿。这种人怎会没有情孽纠缠?"革命＋恋爱"的俗滥套路,却像是专门为他所设的,他的革命是真心的,他的恋爱也是真心的。最苛刻的鲁迅给了他一生中最高的评价:"人生得一知己足矣;斯世当以同怀视之。"他是大革命时期,中国最有魅力的男人之一。

他和杨之华至死不渝的爱情,杨之华的公公沈玄庐对这桩恋爱的支持,杨之华夫妇登报声明脱离关系瞿杨结合并且"三人永远为好友",早已成为革命情爱史上不可复制的炫目篇章。然而,之前瞿秋白的一段恋曲,成就了一部风行一时的小说《韦护》,成全了一个叱咤半生的作家:丁玲。

这是一场很复杂的恋爱。丁玲和她的朋友王剑虹都来自湖南，确切地说，是湘西。当她们在桃源第二女子师范学习时，学校整天飘荡着风潮的气息。王剑虹是学生运动的领袖人物，自然吸引着低年级女生蒋冰之的目光。那时学校的风气是什么样的呢？

> 这女师，全是女孩子，把男孩子隔得太远了。这沅水，把她们的家流得太远了。那山里，本有的同性恋的风气，在这挤得太密的集体宿舍里，传染得更厉害了。她们常像一些男女之间那样因误会闹别扭、激烈地相打相骂，又相抱相哭。

虽然丁玲后来表示对此"十分厌恶，又十分同情"，但似乎就此养成了丁玲"处处同一个男孩子相近"的性格。而王剑虹"却是有肺病型神经质的女子，素以美丽著名"，所以沈从文评价说："两人之间从某种相反的特点上，发生了特殊的友谊，一直到了王女士死去十年后，丁玲女士对于这友谊尚极其珍视。在她作品中，常描写到一个肺病型身体孱弱性格极强的女子，便是她那个朋友的剪影。"

她们一起到了上海，可是没什么事做，又到了南京，还是没工作，"穷得只可能老在一起"。这时候，她们通过施存统认识了瞿秋白。瞿秋白建议她们到自己任教的上海大学去读书。于是她们又回了上海。

从后来模模糊糊的回忆中，我们自然很难断定丁玲和王剑虹就是同性恋。但是有些细节不好解释。当王剑虹提出要跟父亲回四川，并不向丁玲解释理由时，丁玲大为恼火，"这是我们两年来的挚友生活中的一种变态。我完全不理解，我生她的气，我躺在床上苦苦思磨，这是为什么呢？两年来，我们之间从不秘密我们的思想……她怎么能对我这样呢？"似乎很没有来由地，丁玲将一腔怒火发泄到了瞿秋白头上：

> 这是秋白的脚步声,不过比往常慢点,带点踌躇。而我呢,一下感到有一个机会可以发泄我几个钟头来的怒火了。我站起来,猛地把门拉开,吼道:"我们不学俄文了,你走吧!再也不要来!"立刻又把门猛然关住了。

对此,丁玲的解释是:"这完全是无意识和无知的顽皮。"可是这也太不可理喻了。在此之前,施存统告诉她,秋白是堕入恋爱了,于是丁玲告诉了王剑虹,"剑虹回答我的却是一片沉默。于是我们的小亭子间寂寞了"。

最后是丁玲将两人撮合在一起的。可是,阻碍瞿秋白和王剑虹表白的理由是什么?没有交代。但丁玲显然对这一场恋爱很不满意,"我们(丁玲和剑虹)之间,原来总是一致的,现在,虽然没有什么分歧,但她完全只是秋白的爱人,而这不是我理想的","我珍爱的剑虹,我今弃你而去,你将随你的所爱,你将沉沦在爱情之中,你将随秋白走向何方呢?"在小说《韦护》中,丁玲把韦护和丽嘉之间的矛盾解释为革命和爱情之间的矛盾,而丽嘉同住的女友珊珊(即丁玲自己)则一直不喜欢韦护,说不出理由地不喜欢。瞿秋白和王剑虹定情时,是丁玲抢着做主将王的一幅小像,送给了秋白。而剑虹去世后,瞿秋白又将这幅全身小像还给了丁玲,并有背面题诗:"你的魂儿我的心"——瞿秋白叫王剑虹为"梦珂",是法文"我的心"的译音。可是丁玲又把这个名字抢去,写了她的成名作之一《梦珂》。我们来看这段复杂的三角关系,反而倒是将丁玲的角色定位为"另一男性",比较地容易理解。

在《韦护》中,这一切都被略去了,找韦护是丽嘉自己去的,离开丽嘉是韦护选择了革命,珊珊只是一个旁观者,她不喜欢韦护,但为了和丽嘉的友谊,还是去看望他们。这是不是丁玲那一段和瞿秋白夫妇共居一楼的真实想法呢？

王剑虹死后，瞿秋白有一次，专门去北京看丁玲，未遇。丁玲得知瞿来后，也很欢喜，但那是因为"他可以把剑虹的一切，死前的一切都告诉我了"。可是她到了瞿秋白的寓所，就见到了杨之华的照片。于是丁玲连瞿秋白的面都不见，就离开了。"我的感情很激动，为了剑虹的爱情，为了剑虹的死，为了我失去了剑虹，为了我同剑虹的友谊，我对秋白不免有许多怨气。"这怨气是如此的大，当丁玲把此事告诉好友谭惕吾，谭劝她把这一切抛开，她却干脆连谭一起疏远了。对瞿秋白，自然也就动如参商，"我们同在北京城，反而好像不相识者一样"。丁玲说，这是因为她"常常被一种无法解释的感情支配着"。她自述构思《韦护》的结局时说："真的事实是无法写的，也不能以她的一死了事。"什么是"真的事实"？为什么"无法写"？这实在是一个谜。

《韦护》中丽嘉的性格，并不全是王剑虹的。那种大笑大叫，狂热反复，倒更像友人笔下当时的丁玲，甚至"要去电影公司试演"，也是丁玲自己的事迹。而她写丽嘉和韦护的恋爱，写得如此投入，如此动情，很明显有一种"代入感"。丁玲在这部小说里，很预见性地指出了瞿秋白身上的文学气质与革命工作要求的不相容，这几乎就是《多余的话》的提前预告版。可是这不是丁玲了解的全部："我想写秋白、写剑虹，已有许久了。他的矛盾究竟在哪里，我模模糊糊地感觉一些。但我却只写了他的革命工作与恋爱的矛盾。""只"以外，还有什么？没有证据说明瞿秋白对王剑虹的死有什么直接责任，但他却在王剑虹死后给丁玲的信中，不断地嫌厌自己，责骂自己，说对不起剑虹。对此，丁玲淡淡地表示："我不理解，也不求深解。"

写在这里，突然想到了那部让吴君如拿到香港金像奖最佳女主角的古惑仔电影《洪兴十三妹》。吴君如觉得好友杨恭如一直在跟自己抢男人，两人为此翻脸分手，多年后，杨恭如才突然说出："你真的不知道?我喜欢的是你呀!"一下子,所有的情节都终止了,整个影片陷入一种绝望的暧昧当中。这会不会有点像瞿、王、丁的那场恋爱呢?这样说显得很儿戏,可是有些东西已被历史和死亡吞没,我们去哪里找寻它们的踪迹?就像没有人知道,1930年,瞿秋白给丁玲的最后一封信的末尾,为什么要工工整整地署上这两个字:

韦护。

关于巴金的《随想录》

"随想录"（或随感录）是个好名字。

帕斯卡尔用它来展示如何做一根会思想的芦苇。陈独秀和鲁迅用它来反击无所不在的黑暗传统。巴金用它来说出一些令人惊异的真话。

它们的共同属性：来自思想的深处，说出一些很明确，却为别人所说不出或不肯说的话。

我们应该如何看待巴金，一位负载了这个民族的文化记忆的百岁老人？

可曾见过装在摇臂上的摄像机？对于被看的对象，它有时从上看，有时从下看，有时推近，有时摇远。一切视乎表现的需要。

必须仰视巴金。走过两个世纪，他身上沾染了太多的尘埃和沧桑，他也为他的时代奉献了太多的爱。为此我们将他铸成巨大的铜像，以瞻仰来传达巨大的敬意。

必须平视巴金。对于一位作家，最大的尊重，就是重新思考他提出的问题，重新考量他做出的结论，把他真正变成人类智慧阶梯上一块砖石，而非装饰。

必须俯视巴金。我们并无评判的资格，却有后来者的权利。我们有更好的位置可以审视：巴金和他的同代人，走过怎样的道路，有过怎样的挣扎。个人与社会，与历史之间，有着怎样的可能？

谁在阅读巴金?

一位姓程的老人。他和他的兄弟,在巴金刚开始闪耀时发现了他,自此变成了他的忠实读者。他把巴金的《家》列为家庭重点藏书,并在扉页上题:"凡是程氏儿女子孙,空闲时可读读这部《家》。"

一对受命监视巴金的红卫兵。他们在完成任务时,频繁讨论《家》、《春》、《秋》中的一些人物,为那些不幸死亡的青年妇女叹息。"有一天夜里,小的一个红卫兵来迟了,一来就抽抽泣泣不成声。那大的说:'哪个打你的呀?你说!我喊一队来给你报仇!'这个小的说:'不是!是鸣凤死了!'——说着又哭起来。大的红卫兵听到鸣凤死了,也跟着哭起来了。"记录这个故事的沙汀说:"这是对文化大革命的一个讽刺。"

巴金一家

一名日本的家庭主妇。嶋田恭子毕业于大阪外语大学，嫁人后全职做家务。她开始思考人生的意义，并从巴金的小说中找寻答案。她从香港买来了能找到的所有巴金著作，并冒着风险给巴金写信——那时正是"文化大革命"中期。这封日本来信给了巴金莫大的鼓励。

一个不知名的提问者。巴金访问巴黎时，在最大的书店弗纳克与读者见面，有一位中年法国人站起来，谈到了他对中国阴阳学说的见解，认为阴阳相互依存相互补充，那么，"巴金先生，您在《家》中描写的那种大家庭就难道没有任何价值吗？"听了译者高行健的传译，巴金回答：他反对那种封建家庭，这种家庭需要彻底清除。中年人还想继续和巴金辩论，却激起了周围巴金热爱者的愤慨。大家制止了他的发问。

《家》据说是中国现代文学名著中被改编成影视剧最多的作品（共五次，还不包括话剧和地方戏），而且改编都相对成功。

因为这部作品够简单。一部能够感动各个阶层读者的作品，感情一定要强烈而明确，爱憎分明，立场坚定。

巴金在法国说："我从来没有做过违背我自己的信念的事情。"他说，他的敌人是"一切旧的传统观念，一切阻碍社会进化和人性发展的不合理的制度，一切摧残爱的势力"。

1984年，香港中文大学在颁给巴金荣誉博士学位的赞词中说："为表扬他的道德勇气和求知求真的精神，为表扬他对中国人民在这狂风激流的世纪中追求进步所作的有力呼吁。"

巴金代表着一个时代的终结。在那个时代里，人文知识分子担当时代的良知，他们明辨是非，知道何谓善，何谓恶，可以一往无前地为理想和道德呐喊。每当在一桩善恶莫辨的事件中，我们无法确定自己的立场和倾向，就只剩下了永远的怀念。

文学大师、世纪良心、文化灵魂……多少帽子在巴金头上飞舞。对于一个卧床不起的老人，这一切毫无意义。分享这些纪念和意义的是我们这些后辈和旁人，我们需要一个见证，一种指引，一位楷模。

说说我对巴金的看法吧。我想起了布莱希特的名剧：四川好人。

我喜欢巴金对朋友的忠实，我钦佩巴金对爱情的坚贞，我羡慕巴金说真话的勇气，我欣赏他一生旅居海上，却从未改变的一口成都方言。

我希望能像巴金那样，做一个不忘本的好人。

惊蛰时分梦犹存

那是9月的一天，沪上的秋意还淡得很。

二十九岁的杂志编辑施蛰存在洒满阳光的窗下看着《大晚报》副刊编辑崔万秋寄来的邮片。那上面有征集"目下在读什么书"和"要介绍给青年的书"的表格。他随手填上了正在案头的一本外文书和一本佛经，第二个问题费了些踌躇，根据所编刊物的性质，他似乎应该推荐一些外国的诗集或理论书。然而，这两年来的收稿经验，以及此前的国文教师经历，都告诉施蛰存，当今这些文学青年令人吃惊的不是理论的贫乏，而是文字的散漫和拙直。唔，也许应该纠一下偏罢。于是他将笔又舔了舔，写下了《庄子》和《文选》两部书名，并加了一句注脚："为青年文学修养之助。"

很快他就将这件事忘了。不过是《大晚报》吸引读者的一个噱头，就像自己主编的《现代》，还不是经常搞些"增大号"、"特大号"、"狂大号"，对销量总有些帮助。

这位原名叫施青萍的杭州青年没有想到，这封回复的邮片会引起一场不小的波澜，并且影响到他一生的走向。他更没有想到，七十年后的一个冬日，当他在上海华东医院安然病逝的消息发布后，许多人看到新闻里的这个名字，最先反映到脑海中，仍然是这场"《庄子》与《文选》之争"。

说来也是年少气盛啊，当看到那篇署名"丰之余"的《重三感旧》

时,施蛰存何尝不知道这便是大名鼎鼎的鲁迅的手笔?这篇文字不过泛泛感慨现在某些青年迷恋古董,还不如光绪末年的"新党",正是鲁迅一贯反传统的态度。就因为当中提到了"劝人看《庄子》、《文选》",施蛰存觉得是指向自己,且误解了自己推荐这两部书的原意,一半为了辩冤,一半也是想捋捋虎须吧,施蛰存的回应文章登在了同一份报纸上。

余下的论争不必赘述。饱饮西方文化乳汁的新锐青年,谁人敌得过鲁老夫子的"金不换"笔锋?何况施蛰存的口吻确实又带了些佻巧。于是不免于曳甲而北,只是始料未及,这段文字竟会像火烙在岩石上一般,在日后的岁月压得他翻不过身来:

> 他只有无端的诬赖,自己的猜测,撒娇,装傻。几部古书的名目一撕下,"遗少"的肢节也就跟着渺渺茫茫,到底是现出本相:明明白白的变了"洋场恶少"了。(《准风月谈·扑空》)

是的,记忆告诉我们,"鲁迅骂过的人"曾是多么沉重的一顶帽子。不过,在这以前,施蛰存是早经沉寂了,他晚年概括的说法是:

> 如果当时上海保持平稳的发展,倾向于都市化,我还会写下去的,但后来情况变了,整个生活形态变了,国家在打仗,我们都脱离了文学环境,我们都写不下去了。当时新兴文学的旗帜下招纳了尼采学说、心理分析、无产阶级文学、民族文学等。最初还没有左、右、"第三种人"之分,后来时局恶化,文艺争论同政治扯上了关系。我认为文学和政治是两个不相同的东西,不能绑到一起。假如文学一定要服从政治,那写出来的作品就成为政治宣传品,那就不是真正的文学了。我并不反对

文学为政治服务，但必须是在作家自愿的前提下。事实上时常是文学为政治服务，一个作家是无法逃避政治氛围的。我当时计划要写一个长篇历史小说，是关于南宋题材的，广告都登出来了，后来发生了变化，我不写了，穆时英也不写了。我们原本都会去写的。

几十年来，对施蛰存的批判，当然不仅限于《庄子》《文选》的是非，大的背景是，在文艺思想一体化的进程中，"第三种人"的提法当然是必须予以迎头痛击的。为施蛰存辩护的人说，施蛰存并没有这方面的言论。可是，这些言论发在他主编的《现代》上，难道不代表他认为类似言论是应当被允许存在的？公正地说，施蛰存不是"第三种人"，政治上也偏向左翼，但是他身上有着浓厚的自由主义知识分子色彩。一方面，他暗示"社会主义是解决中国社会问题的唯一出路"（姑且照施自述）；另一方面，他又强调"每个人都至少要有一些Egoism"，这个英文字指的是"作家个人的自由"。这一点自由主义的光芒，正是当初的批判者所最不能容忍的，却是《现代》编者施蛰存身上最可贵的品质。

以此回看他和鲁迅的争论，也就很容易得到解释。鲁迅的意思，代表"新"的青年怎能去追求那些已被指定为"旧"的古物？何况这是出自有审稿大权，也即拥有"文化资本"的大刊物编辑之口？而在施蛰存看来，每个人有自主的选择，和表达的权利，并非"以词取士"，何必上升到"误导青年"的高度？两种理念的缠斗绵延整个20世纪，鲁施之争，只不过一场小小的演习。

施蛰存曾自言一生开设"四窗"，即：东方文化和中国文学研究的"东窗"、文学创作的"南窗"、外国文学翻译及研究的"西窗"和

施蛰存

金石碑版研究的"北窗"。

　　这四扇窗并非同时开启和关闭。"南窗"或许正好临街，容易招惹噪声与冷雨，于是，施蛰存早早关上了这扇窗，同时，也关掉了南窗下的一串甜梦。

　　做这个梦时，施蛰存是何等的踌躇满志！1932年，现代书局老板张静庐和洪雪帆为了保险，找到了"不是左翼作家，和国民党也没有关系"的施蛰存主编上海第一份大型文学刊物《现代》。声望尚浅的施蛰存自创刊伊始，已立志要为中国文坛营造一个"公共空间"：

　　　　本志是文学杂志，凡文学的领域，即本志的领域。
　　　　本志是普通的文学杂志，由上海现代书局请人负责编辑，故不是狭义的同人杂志。
　　　　因为不是同人杂志，故本志并不预备造成任何一种文学上的思潮、主义或党派。

因为不是同人杂志，故本志希望得到中国全体作家的协助，给全体的文学嗜好者一个适合的贡献。

因为不是同人杂志，故本志刊载的文章，只能照编者个人的主观为标准。至于这个标准，当然是属于文学作品的本身价值方面的。

我忍不住抄下这份《创刊宣言》的全文，因为这份简短的声明，透露出作者对中国文学现状的把握、对扭转风气和引领潮流的自信、对多元文学格局的渴盼，也恰如其分地反映了施蛰存办《现代》的方针，难怪他将之称为"我的创刊宣言"。

施蛰存的小说成就巨大，论者称其为"第一个有意识的、大量的以小说艺术操练弗洛伊德心理分析理论的中国作家"。不过以我之见，他这一路数与他的文学同路人如穆时英、刘呐鸥大异其趣，也未能在中国开启一种小说传统，及身而没，仍是憾事。讨论一个作家对时代

《现代》杂志

的影响，要看他在哪方面推动了整个文学领域的发展。《现代》横空出世，由创刊的三千份到高峰期的一万份，施蛰存创造了一个纪录，也因此将酝酿已久的"现代诗"推到了前台。

施蛰存本人诗作不多，却因为《现代》这一座舞台，将许多"不用韵"、"不整齐"的"反新月派"的新诗聚合在一份刊物，居然形成了一个颇为壮观的流派。他反驳读者关于《现代》上的诗"难懂"的文章，被看做"现代诗派"的宣言：

> 《现代》中的诗是诗，而且纯然是现代的诗。它们是现代人在现代生活中所感受到的现代的情绪用现代的词藻排列成的现代的诗形。
>   所谓现代生活，这里面包括着各式各样的独特的形态：汇集着大船舶的港湾，轰响着噪音的工场，深入地下的矿坑，奏着JAZZ乐的舞场，摩天楼的百货店，飞机的空中战，广大的竞马场……甚至连自然景物也和前代的不同了。这种生活所给予我们的诗人的感情，难道会与上代诗人从他的生活所得到的感情相同的吗？

站在下一个世纪的今天回望，还在为"现代性"争论不休的我们才发现，施蛰存和他的同志早已敏感地触到了现代性降临引发的"震惊"体验。于是他们决心与以古典形式追求经典美的闻一多、徐志摩、梁实秋……决裂，以新的形式吟唱新的时代。

这一个梦想在20世纪30年代万潮奔涌的上海滩放飞，如果不是被时代无情地打断，它会飞得更高。

1999年，即将跨越世纪的施蛰存老人眼光掠过过往的激情与梦想，显然，他对文学和中国文学，都有了更清晰的认识。他说：

当时我的作品被一些人称为"心理分析小说",也有人称为"新兴文学"、"历史小说"。"新兴文学"是当时各种新文学的总称。我当时写了两本风格比较新的书,《将军的头》和《梅雨之夕》就曾受到压力,被当时文坛认为是异端。而在当时中国文坛的氛围中,走向现代就是走向异端,是不允许的,所以我不得不有所收敛。但是80年代中期后,许多人又把"现代派"捧得太高了,"现代派"只应是20世纪中国文学流派的一支而已。中国的现代派就是与旧传统分裂而产生的。老舍、巴金、茅盾的创作方法是老的,写法是19世纪的,巴金、茅盾都受到过外国影响,但沈从文没有受过外国影响,尽管他也看外国小说,现代派和19世纪现实主义创作方法是不同的。

在他眼里,20世纪中国文学本该是众声喧哗的吧?如果不是七十年来,那一声声惊蛰的春雷,让人无法耽于文学的黑甜乡中,创造一个"中国现代作家的大集合"的美梦,也许还可以做下去。施蛰存晚年以"现代文学的见证人与参与者"的资格,坚持认为"当代作家对文学的认识比较肤浅","中国文学发展得最好的还是在30年代",难道这话当中只有自许和骄傲,就没有一份苦涩,一份遗憾?

斯人也而有斯文

汪曾祺先生说过，中国有新文学以来的散文（或美文），大致分为两路：鲁迅为代表的峻急和周作人式的冲淡。说的是文章风格，其实不妨扩大为做人的态度。本世纪中国的知识分子，来来去去，也不过这两路。以鲁迅传人自拟的见得多了，再无一个略微神似的。周作人一派，在激荡变迁的大时代里，自然更容易花果飘零，知堂老人自己，结局也不过如此。真正能够一生恂恂，不屈不折，为文为人，替冲淡一脉存留一份气韵的，怕也只有沈从文和他的学生汪曾祺，二人而已。

汪曾祺跟老师沈从文的风格也不大一样。沈先生常常自称"乡下人"，初成名时也确乎有一点草野之民狂激躁厉的气质，他主持《大公报·文艺副刊》时对"海派"的大力攻讦，字句间很能见出少年人砥砺天下的豪气。沈从文的冲淡风格，是在岁月里"磨"出来的，让人想起杜诗里的"庾信平生最萧瑟，暮年诗赋动江关"。汪曾祺则几乎从一出道起，就以冲淡见长。他早年作品中，固然有《牙疼》、《绿猫》一类吓人一跳的怪异之作，但《邂逅》、《老鲁》的文字，已与老时几无二致。归有光《寒花葬志》、《项脊轩志》中那种沉痛抑郁反以轻言淡语出之的写法，青年汪曾祺就已化用得水乳交融，也从此奠定他一生的文字风格。

汪曾祺受传统文化影响极深，甚至有"最后一个士大夫"之称。他的文字体现出的是宋明理学中不动声色的明心见性功夫。他的《七里茶坊》，通篇写几个农科所职工掏粪，直到快结尾了，才很不经意地写道：

> 老刘起来解手，把地下三根六道木的棍子归在一起，上了炕，说：
> "他们真辛苦！"
> 过了一会，又自言自语地说：
> "咱们也很辛苦。"
> 老乔一面钻被窝，一面说：
> "中国人都很辛苦啊！"
> 小王已经睡着了。

读着这段文字，前面絮絮叨叨写的破冰粪，吃莜面，讲故事，凑结婚份子，一众细节，才突然涌到眼前，那种感喟，那种悲凉，那种和沈从文先生一样，对下层人民"不可言说的温爱"，都从字里行间慢慢地渗了出来。我记得我第一次读到这里，就让书在手里停着，久久地说不出话来。对我来说，文字的魅力，于斯为最。

汪曾祺写故乡高邮的文字，最为人称道。之所以能用文字描绘出那一幅幅的江南风情画，自然也得益于他超乎常人的细节记忆和情绪记忆能力，但真正能打动人的，还是他对那些平凡劳动者的关切，对那些纯真感情的赞颂，对细微情趣的描摹。《大淖记事》，写挑夫人家的勤快，写锡匠手艺的精巧，写小锡匠十一子和巧云好，月光下在芦苇荡相会；写巧云被刘号长污辱后，十一子和巧云反而更相爱了；写刘号长把十一子打得快断气了，也无法逼十一子"认错告饶"；写锡匠们顶炉告状，终于将刘号长逐出了大淖。让作者自己都"流了眼泪"的地方是为了救活十一子，巧云喂他喝尿碱汤：

汪曾祺及结婚纪念照(1949年)

> 巧云捧了一碗尿碱汤,在十一子的耳边说:"十一子,十一子,你喝了!"
>
> 十一子微微听见一点声音,他睁了睁眼,巧云把一碗尿碱汤灌进了十一子的喉咙。
>
> 不知道为什么,她自己也尝了一口。

"她自己也尝了一口",是神来之笔,里面凝注了汪曾祺对少年男女之间纯净爱情乃至人类所有美好情感的钟爱和礼赞。汪曾祺小说和散文中的"恶"大都是隐在后面的,他不屑,也不愿,去过多地描写它。但已经够了,他笔下这种极致的"美"更有力地把破坏它的"恶"钉在耻辱柱上。而那些美的礼赞将穿越一切的时空,穿越无穷的变迁,依然照耀我们栖居的大地。

写任何一个人,汪曾祺都牢牢遵从老师沈从文的教诲:"要'贴'着人物写。"我曾经问他,为什么没有将《骑兵列传》、《王四海的黄昏》这两篇小说收入《自选集》,他毫不犹豫地回答:"那里面虚构的成分太多。"

这个回答给那些以为小说便是生安白造的人看到，一定会笑掉大牙。但汪曾祺确实不认为散文与小说之间有什么明显界限（这一点似乎是受阿左林和弗吉尼亚·伍尔芙的影响），就算有，也不过是一道薄薄的篱笆。我敢说，不论是在小说还是散文里，汪曾祺大概从未写过自己没经历过的事。他并不是现实主义作者，他用作品为自己构筑了一个世界，一个拥有现实中不可能的明净，但却可信可爱的世界。

和他的"京派"前辈一样，汪曾祺极为崇尚宽容与自由。他最喜欢讲两个故事，一个是他在西南联大的时候，翠湖边一个图书馆的管理员，每天早上来上班，把墙上挂着的钟"格勒勒"拨到八点，上班，他觉得差不多了，把钟"格勒勒"拨到下午六点，下班。汪曾祺说："这样的生活才叫写意！"另一个是沈从文出国访问，专门研究西南联大的汉学家问他为什么当时条件那么差，环境那么苦，西南联大八年出的人才，超过战前北大、清华、南开三十年出的人才的总和？沈从文回答了两个字：自由。

汪曾祺喜欢，或者说，习惯，用叙述来说话，很少写带有明显价值判断的文章，但破例为《读书》写过一篇《使这个世界更加诗化》。他认为这是一个知识分子天然的职责。

汪曾祺谈文章结构，两个字：随便。林斤澜就抗议，我讲了一辈子结构，你却说：随便？汪曾祺只好改说是"苦心经营的随便"。然而"苦心"易致，"随便"难求，他悼念沈从文先生的长文《星斗其文　赤子其人》，是我见过的最好的祭文。那支笔犹如踩了凌波微步，在前尘旧事，文心琴胆之间随脚出入，写得一个谦谦儒雅的沈先生活活地如在眼前。最后突然收煞：

> 我走近他身边，看着他，久久不能离开。我想，这样的一个人，就这样地去了。我看了一眼，又看一眼。我哭了。

而今汪曾祺先生自己也去了。这样的人,这样的文字,从此竟再也不得见了。

汪曾祺先生一生住得最长的地方有三个:小时候的高邮,西南联大时的昆明,解放后的北京。他对前两个地方大约都很怀念。前年他给我写过一幅字:"邗沟杨柳仍依依,问君何日归去。"邗沟是扬州的代称,高邮地属扬州,这幅字恐怕是自况的成分多。去年他又送我一帧画,飘飘洒洒满天的绣球花,题:"绣球花云南谓之粉团花,以粉团花形容阿妹之美,似他处未闻。"

汪老先生,您这是要回哪儿去呀?

后记：关于本书，我交代……

夕花朝拾

2002年8月，云南，建水。

建水古称临安，云南有"金临安，银大理"之谚，城内触目尽是古建筑群，可以想见当年繁华，近世苍凉。这里有全国第三大的文庙（仅次于北京国子监与曲阜孔庙），还有一座废弃的考棚。最妙的是，通昆明的路尚未修好，游人不多。

话说那天中午，霏雨霭霭。我正在一家小饭馆里，与当时还是女朋友的老婆大人，等辣子炒肉上桌。手机响起。

《南方周末》文化部编辑风端，好朋友。接！

"打算开一个专栏……谈历史……人物……故纸堆……还用我说吗……要快……"

"嗯，嗯，嗯。"一味点头，心疼长途漫游费。

吃完辣子炒肉，在去团山的路上想专栏题目。完全不知道会写些什么，想来想去想不好。最后临门一脚由老婆完成：不是写历史的吗？叫"夕花朝拾"好了，还沾点儿鲁老的仙气。

还是落了老婆大人赐名的俗套。

三天后，我在昆明一个朋友公司的电脑上敲了两点钟，发出了"夕花朝拾"的第一篇《他们的李庄》。

掌故·冷知识

"掌故"是古已有之的文类，近世尤盛。大抵乐见韵事，喜闻隽语，人情之常。不过，考察掌故勃兴的年代，似乎还都是所谓"王纲解纽"的转型时期。按照布洛赫的说法，人对历史的兴趣，出自回溯过往的本能。是否在动荡不宁的大时代中，大家更热衷于抚今追昔，又听厌了正史的喧嚣，反倒在稗官野史、故老流传中，能寻得别有兴味盎然的一片天地？

掌故有什么用？答案是没什么用。掌故讲的都是些"冷知识"，对于现代人而言，没有皮肤感觉的知识，只能沦为小众的秘藏。不过，冷饭翻炒，转成佳肴，这样的做法也未必行不通吧？我曾有篇小文，为自己炒冷饭辩护：

> 现在有了电脑，有了网络，还有了搜索引擎，冷知识还能让我们快乐吗？我写过一些掌故文字，引起了一些不同的看法，有人说：我以前不知道这个，很好；也有人说：这跟现实有什么关系？我听了前一种评论，就很得意；听了后一种说法，感到惭愧。这说明我也是一个冷知识崇拜者，而且对社会毫无贡献。
>
> 关于冷知识的用处，我是这样想的：冷知识不应该是为了解而了解的，它应该参与到一种精神生活中去，把自己变得不再是冷知识。昨夜有个朋友打电话给我，讨论中国电影到底是不是1905年诞生的。这个论题单摆浮搁着，就是一条冷知识。我看中国电影，只问它好不好看，谁管它多少岁了？呦，整一百呀，来，多给个红包。像话吗？拍电影的人也不会想：中国电影还没到一百年呢，咱们省点劲儿。
>
> 如果你像我一样，对1905年前后的北京有所研究，你就会

想象：一个穿竹布大褂、梳着油光大辫的北京人，走在前门大栅栏的街上。他掏出十文钱，走进大观楼，看见小叫天谭老板，在一块白布上演《定军山》，他的精神生活肯定会受到很大的冲击。有人会说：哼，洋鬼子玩艺儿，等老团（义和团）回来，一准把你们抵制了！也有人会想：这个东西真不错，人的影儿会留在布上，还能动弹！对于1905年的北京人，中国电影有没有出现，有着切肤的感觉；对于一百年后，像我这样喜欢想入非非的人，它也不是冷知识，而是一种温热的感触。

掌故的写法，一直变化不大。比较《今世说》与《世说新语》，形式相似，却有"天然"与"做作"之别。五四诸家攻讦古文，首重叙事，即在于以上古之言语，叙今世之人事，就失了朱文正公"活泼泼地"的真味。至于议论、辞赋，古文别有洞天，自成世界，当然不该一笔抹杀。

有网友说，"夕花朝拾"的最大好处，就是把枯燥的历史化成了东北二人转。俺不是东北那疙瘩的，但是这些小文的叙事感，确实受益于自张寿臣、侯宝林、刘宝瑞诸大师，以至表演工作坊、相声瓦舍对口语叙事传统的传承发扬。有时候，则是想将古事写出新闻特写的感觉来。总之，是想从史实中觅出"有趣"二字来。

为什么叫高芾[1]

"南社研究网"转发了《不要鸡心式》，版主按语云："高芾，不知何许人也……"一副此人已经作古的口气。

---

[1]《野史记》初版时作者署名"高芾"。——编者注

"蒂"字除了做名字，几乎没有别的用处。很少人读本音若"福"。许多人读作"沛"。还有人读成"肺"，并聪明地解释：高蒂者，稿费之谐音也，说明作者意不在传世，在稻粱谋耳。

这话算是说到我的心坎里去了。可是"高蒂"的起源不是这样的，它只是来自于我的"高"祖的名字：杨"蒂"。

据《高邮县志》载：杨蒂，字若米，高邮杨家巷人，光绪十四年中举人，次年考中进士，历任兵部主事郎中、军机处章京（人称小军机）、得缺补任道台。著有《扶桑十旬记》。

据说他曾是恭亲王奕訢的得力助手，属于洋务一派。义和团事起，差点儿被当作教民杀掉。（事见罗瘿公《庚子国变记》）1907年，杨蒂受两江总督端方之派，访日一百零六日，归著《扶桑十旬记》。此书我也是最近才见到，记日本风土人物制度甚详。由书中记载还知道，杨蒂是清代最后一位状元刘春霖的"房师"。

《扶桑十旬记》大陆未出版过，凡三四万言，我曾经想把此书作为本书的附录，考虑到读者可能不耐烦念古文，与全书别的内容又实在没什么关系，只得放弃。

以祖先自炫，当然是矫情的举措。不过古今中外，都有以父名祖名放在名字里，表示追念的前例。即使被人骂矫情，也只好乖乖认了。

释名："野史"记，还是"野"史记？

书名显然是一鸡两吃，语含双关。

本书所写，大都是野史所载——野史与正史重合的地方，当然也有。野史的好处，不用我说，大家都晓得。可以道听途说，可以揭隐发微，可以专事小节，可以不顾大义，可以情有所系，可以笔无藏锋。总之，正史家不大敢做的事，野史家全都敢干。

有许多章节，信笔写来，只敢说是"稗官之言"，不敢妄称"盖棺之论"，否则岂不要惹出若干笔墨官司？好在所写事端，均言出有据，即或是谣诼无稽，在下也不负造谣之责，只承传谣之讥。

至于说此书是"野"的《史记》，小子何乃太狂！想那《史记》，乃太史公究天人之际，通古今之变，成一家之言，世称"史家之绝唱，无韵之离骚"，你是何人，竟敢僭称其名，唐突前贤——你也配？！

《史记》是一部很有意思的书。一方面，它是"前四史"之首，历代正史的滥觞；另一面，它一问世就被人骂成"谤书"，而且又写了许多后世正史未尝经意、未必敢写的内容。有人声称中国人至爱、中国知识精英至恨的武侠小说，也当从《刺客列传》谈起。

事实上，太史公此书中许多史料，皆得自传闻，而如许绘声绘色的描写，倘非出自作者想象，有谁见来？因此，《史记》不仅为正史之首，同样也是野史之源。

后世的各类野史，也只不过是更"野"的《史记》。我这本小书，是兔子的汤的汤的汤，当然就更加野马分鬃，野渡无人，绿野仙踪，野得没边没沿了。

明乎此，也就晓得本书副题为何不是"档案中的近代中国"，而是"传说中的近代中国"（按：新版修订时删去副标题），在我看来，野史本来就是形之于文的野老故事，莫说民间的传闻，后人的补记，即使是当时当世的报刊记载，也不敢说一言九鼎，泰山不移，多少总有传说的成分。而上述这些，正是本书的资料来源。

野史里有没有真实？周氏兄弟都说过，爱读野史，因多读野史，反可以得到许多正史中见不到的真相。不错，传说倘可补正史之阙，发正史之隐，称为"野《史记》"又有何妨？倘或是荒诞失实的传闻，那也不过是《野史》记"而已，需要那么认真吗？

更何况，"重要的不是神话讲述的年代，而是讲述神话的年代"，传说或有真伪之别，反映出的言说者与受众的心态，却是一种异样的真实。读者诸君，不妨试观本书，再掩卷思之，哪些篇章，我写得高兴，你读得爽快？

为什么？

拉大旗作虎皮

这些文字大多作于求学北大期间。其时导师陈平原教授常训诫我：读书时不可多作小文章，盖必有碍于论文写作也。平原师有著名的"两套笔墨"理论：作大文章须全心投入，两个课题之间，则不妨以随笔自遣，换换脑筋。两套笔墨，庶几可互不淆乱。

我总是做不到。几年来，关注的虽是同一课题，出活儿却是长一截，短一截，好似四川话说的"吊筋屎"，不得痛快。由此知道自己性情浮躁，怕终不是做学问的料。

至于学术趣味、读史思路、文化关怀、评骘标准，·大抵"夫子行亦行，夫子趋亦趋"，却总是"瞻之于前，忽焉在后"。学生受导师多方面的影响，一时也说不清。尚彷徨于路途之人，实不必急急作回顾感恩之语，徒致方家之哂。

钱锺书曾说，作者的献辞不过是去而复返的飞刀，是不值一弄的狡狯。我这本小书，自然连作飞刀的资格也没有，提及平原师，已是在拉大旗作虎皮。只是出版时间的凑巧，到底又是一件实物，即以此书，记念北大七年的师弟因缘。

2005 年 6 月 25 日
2014 年 8 月重订